P. Georg Scharf OMI

Frohbotschaft oder Drohbotschaft?

P. Georg Scharf OMI

FROHBOTSCHAFT oder Drohbotschaft?

Verkündigung unverkürzt

Theodor Schmitz Verlag 48039 Münster

imprimi potest
Mainz, den 15.9.94
P. Alfred Schellmann
Provinzial

1. Auflage 1994
Theodor Schmitz Verlag, Postfach 7245
48039 Münster, Ruf (02 51) 78 58 24

Umschlaggestaltung: Professor Oswald Kollreider und
Studienrat Franz-Josef Hinsken
Gesamtherstellung: Clausen & Bosse, Leck
Gesetzt aus der Melior
Printed in Germany
ISBN 3-922054-22-6

Meinem verstorbenen Mitbruder
und Ratgeber P. Josef Schulte OMI

INHALTSVERZEICHNIS

EINLEITUNG

EIN WORT ZUVOR

Wer Gegenstände mit einem Mikroskop betrachtet, entdeckt vieles, was dem Auge sonst verborgen bleibt.

Ähnlich entdecken Fachleute der Heiligen Schrift mit eingehenden, »mikroskopischen« Untersuchungen nach und nach manches, was beim einfachen Lesen des Gotteswortes nicht zu erkennen ist. Dadurch sind uns heute manche Erkenntnisse über die Heilige Schrift zugewachsen, die früheren Zeiten verborgen waren.

Wer jedoch die Dinge – seien es nun solche der sichtbaren Welt oder solche des Glaubens – immer nur mit dem Mikroskop besieht, kann auch zu falscher Sicht gelangen.

Das Mikroskop allein bietet keine Gesamtschau der Welt. Es verwehrt den Überblick. Wichtiger für die richtige Schau der Dinge ist oft der richtige Standpunkt.

Niemand kann eine Landschaft mit einem Mikroskop überschauen. Wer einen Überblick über sie gewinnen will, muß auf einen Berg oder auf einen hohen Turm steigen.

So ist bei Glaubensfragen ein guter Standpunkt noch wichtiger als eine wissenschaftliche Detailbetrachtung.

Der Verfasser dieses Buches ist kein Fachtheologe der Heiligen Schrift. Er hat als Priester eine allgemeine theologische Ausbildung und bemüht sich um kritische Aufgeschlossenheit sowohl gegenüber neuen wie alten theologischen Lehrmeinungen im Sinne des heiligen Paulus: »Prüft alles und behaltet das Gute.«[1]

Mit theologischen Mikroskopen wird er nicht arbeiten. Er möchte mit dieser Schrift eine breitere Leserschicht erreichen. Darum wird er sich bemühen, daß die Schrift einerseits für jedermann verständlich bleibt und andererseits auch theologisch Gebildete sich bereichert fühlen können.

Diese Schrift will also keine wissenschaftliche Arbeit sein, sondern allgemeine Glaubensverkündigung. Deswegen wird der Verfasser – dem Willen seines Ordensstifters Eugen von Mazenod gemäß – Fremdwörter nach Möglichkeit vermeiden und, wo sie unvermeidbar sind, im laufenden Text oder in den Anmerkungen erklären. Auch einige spezielle theologische Fragen und Probleme wird er unter der angegebenen Fußnote in den Anmerkungen erörtern.

Nun sei noch ein Wort herzlichen Dankes all denen gesagt, die mir in dieser oder jener Weise beim Werden dieses Buches Hilfe geleistet haben:

Herrn Professor Dr. Dr. Alfred Mock OMI und Herrn Geistlichen Rat Friedrich Opitz für die Anregungen zur Verbesserung des Manuskriptes; Frau OStR. Gertrud Dörner, der Schönstätter Marienschwester M. Friedgardis, Frau Lehrerin Christin Notz und Herrn P. Wilhelm Ebbing OMI für die Hinweise und Materialien zu Fragen des heutigen Religionsunterrichtes; Herrn P. Dr. Hermann Lübbering OMI, Frau OStD. Grete Schött, Herrn Lic. theol. Werner J. Hentschel, Herrn Domvikar Rainer Irmgedruth, Herrn OStR. Johannes Kramarz und meinem Vetter Herrn OPD. Hans Hubert Scharf für die Korrekturarbeit.

Der Büro-Firma Bresser, Borken / Westf., insbesondere Herrn Michael Wöhle, herzlichen Dank für das Entgegenkommen bei der Anschaffung der Schreibmaschine, mit der das Manuskript zu dieser Schrift getippt wurde, und last not least Herrn Theodor Schmitz, dem Verleger, für seine wertvollen Hilfen und die Veröffentlichung dieses Buches.

Allen »Gott vergelt's«!

Evangelium, gute Botschaft, Frohbotschaft, so nennen wir die heiligen Schriften, die uns über die Werke und Worte Jesu berichten; und wir legen heute großen Wert darauf, aufzuzeigen, daß die Botschaft Jesu ihren Namen zu Recht trägt, nicht nur Frohbotschaft heißt, sondern auch Frohbotschaft ist.

Es gab Zeitepochen der Kirchengeschichte, in denen man den Akzent zu wenig auf das Frohmachende unseres Glaubens legte und in denen deswegen viele der Frohbotschaft nicht recht froh werden konnten. Das Gottesbild, das von Boten der Frohbotschaft gezeichnet wurde, stimmte mit dem Bild der Frohbotschaft Jesu zu wenig überein. Zu vorherrschend wurde Gottes Gerechtigkeit dargestellt. Von seiner Liebe und Barmherzigkeit war in dieser Darstellung allzu wenig wahrzunehmen. Sie war zu stark bestimmt von Gottes zürnendem Auge, das immer und überall auf das Leben der Menschen gerichtet schien. So wurde das Gottesbild für viele zu einem Schreckensbild.

»Alles« war Todsünde, »überall« drohte die Hölle. Kindern wurde ihrer kleinen Unartigkeiten wegen mit der Hölle Angst eingejagt. Zur heiligen Kommunion durfte nur gehen, wer kein »Stäubchen« mehr auf der Seele hatte.

Es gab im vorigen Jahrhundert Diözesen (vor allem in Frankreich), in denen diejenigen, welche sich nach Irrwegen wieder besonnen oder nach Fehltritten wieder gefangen hatten und zur heiligen Beichte kamen, zunächst keine Lossprechung erhielten. Immer und immer wieder, Jahr für Jahr, mußten sie ihre alte Schuld bekennen, ehe ihnen das Wort der Vergebung vom Beichtvater zugesprochen wurde.

In den Gemeindemissionen wurde es in diesen Diözesen den Missionaren unerbittlich verboten, Gewohnheitssündern, Trinkern, Wucherern und vielen anderen mehr – sogar Tänzern und Tänzerinnen – die Lossprechung zu erteilen. Unser Ordensgründer, der selige Bischof Eugen von Mazenod, der diese Strenge absolut nicht vertrat, hatte deswegen bei Gemeindemissionen unserer Patres (Oblaten der Makellosen Jungfrau Maria) oft große Schwierigkeiten mit manchen Bischöfen.

Schuld an diesen Verirrungen trug vor allem der Jansenismus, eine überstrenge religiös-theologische Richtung, benannt nach ihrem Urheber, dem niederländischen Bischof Jansen. Sie war zwar von Rom verurteilt worden, übte aber doch einen – teils unbewußten – Einfluß auf das gesamte kirchliche Denken aus. Ja, wahrscheinlich hatten Fehlhaltungen und Fehlentwicklungen in der Kirche das Aufkommen dieser Irrlehre begünstigt.

»Tag des Zornes, Tag der Zähren«, so betete die Kirche in der Totenmesse, »wird die Welt in Asche kehren, wie Sibyll und David lehren.

Welch ein Graus wird sein und Zagen, wenn der Richter kommt mit Fragen, streng zu prüfen alle Klagen!...

Schaudernd sehen Tod und Leben sich die Kreatur erheben, Rechenschaft dem Herrn zu geben...

Weh! Was werd ich Armer sagen? Welchen Anwalt mir erfragen, wenn Gerechte selbst verzagen?...«[2]

Aus dem Geiste des Mittelalters ist dieses Gebet im 13. Jahrhundert entstanden.[3] Es hat zwar auch frohbotschaftliche Anklänge, offenbart aber doch viel zuwenig vom Geist und der Botschaft des Herrn: »Wenn das alles beginnt (wenn die Kräfte des Himmels erschüttert werden), dann richtet euch auf und erhebt eure Häupter; denn eure Erlösung ist nahe.«[4] Ebensowenig zeugt dies Gebet vom Geist der Urkirche, die nicht vor der Wiederkunft des Herrn bangte, sondern sie erwartungsvoll herbeisehnte und um sie betete: »Marán athá! Komm, Herr Jesu!«

Die negativen Zeitströmungen gehen gewöhnlich nicht spurlos an der Kirche vorüber, wenngleich sie meist, wie beispielsweise leibfeindliche Weltanschauungen, von ihr verurteilt wurden. Es dauert oft längere Zeit, ehe sie sich ganz von ihnen freischwimmt.

Mit dem Jansenismus haben wir nun radikal Schluß gemacht. Aber sind wir dabei etwa in falsche Strömungen unserer Zeit geraten? Werden wir von ihnen vielleicht in eine andere genauso falsche Richtung, in das andere Extrem gezogen?

Unser Zeitgeist kennt weder Ehrfurcht vor Gott noch vor dem Menschen. Gott wird vom Großteil unserer Zeitgenossen – sofern sie überhaupt noch ernsthaft an ihn glauben – nicht mehr als der Allheilige, vor dessen Anblick nichts Unheiliges bestehen kann, erachtet. Vielen scheint er vielmehr ein willfähriger Schwächling zu sein, der zu allem ja und amen sagt, was seine lieben Menschenkinder auch anstellen und sich gegenseitig antun.

Es sei gestattet, hier eine Parabel einzufügen: Einst ging der Teufel mit einem seiner Freunde spazieren.

Da kam jemand des Weges und hob etwas auf. »Was hat er aufgehoben?«, fragte der Begleiter des Diabolus, des »Lügners von Anbeginn«. »Ein Stück Wahrheit!« entgegnete dieser gelassen mit einer wegwerfenden Geste. »Ein Stück Wahrheit?, ja und beunruhigt dich das nicht?« – »Ganz und gar nicht! Im Gegenteil! Ich lasse aus diesem Stück Wahrheit eine Religion machen, ganz nach seinem und meinem Geschmack, so verführerisch fromm, daß auch die Besten auf sie hereinfallen.«

In den Zeiten jansenistischen Einflusses haben viele die Wahrheit von der Gerechtigkeit Gottes aufgelesen und durch die Verkündigung eines unerbittlichen Gottes vielen den Weg zu ihm versperrt. So mancher ist diesem teuflischen Trick zum Opfer gefallen.

Heute greifen viele die Wahrheit von der Liebe Gottes auf. Von seiner Gerechtigkeit wollen die einen nichts mehr hören und die anderen nichts mehr sagen. Ob das dem Gottesbild, das Gott selbst in den heiligen Schriften von sich gezeichnet hat, gerecht wird, und ob man damit dem Heile der Menschen dient?

Wer nur die halbe Wahrheit sagt, dient den Menschen nicht, sondern führt sie in die Irre.

Wer Gottes Liebe von Gottes Gerechtigkeit trennt, verzerrt Gottes Bild zur Grimasse. Gottes Gerechtigkeit erwächst aus seiner Liebe, und seine Liebe erwächst aus seiner Gerechtigkeit. Liebe und Gerechtigkeit sind eins in Gott.

Früher haben viele die ernsten Wahrheiten des Evangeliums mitunter überbetont. Heute sagen wir zu Recht, das Evangelium sei eine Frohbotschaft, und fügen dann – unserem Zeitgeist entsprechend – unkritisch hinzu, und keine Drohbotschaft, ohne dabei unter die Lupe zu nehmen, was an diesem Nachsatz richtig und was an ihm fragwürdig ist.

ERSTER TEIL

FROHBOTSCHAFT!

Der Retter ist da

Eigentlich ist das Wort »Frohbotschaft« viel zu blaß für das, was uns durch Jesus verkündet wurde. Unsere Glaubensverheißungen übersteigen alles, was Menschen erdenken und sich vorstellen können. »Wir verkündigen«, sagt Paulus, »was kein Auge gesehen und kein Ohr gehört hat, was keinem Menschen in den Sinn gekommen ist: das Große, das Gott denen bereitet hat, die ihn lieben.«[5]

So beginnt denn auch die Lebensgeschichte Jesu mit der Botschaft des Engels: »Ich verkünde euch eine große Freude... Heute ist euch in der Stadt Davids der Retter geboren.«[6] Einige Monate zuvor hatte ein Engel Josef verheißen: »Er wird sein Volk von seinen Sünden erlösen.«[7]

Erlösung von den Sünden, ein erster grundlegender Inhalt der Frohbotschaft. Schuttbeseitigung, bevor der Neubau beginnt! Und Beseitigung welchen Schuttes?:

- der Schuld, die seit dem Sündenfall Adams und Evas schicksalsschwer und unheilvoll auf dem Menschengeschlecht lastete!
- der Schuld, welche die Äcker mit Dornen und Disteln durchwuchern ließ, die uns die Arbeit zur Fron machte, die Krankheit und Tod heraufbeschwor!
- der Schuld, die schon bald den einen zum Brudermörder und nach ihm viele andere zu Unmenschen machte, bestialischer als Bestien!

– der Schuld, die uns um das Paradies brachte, den Frieden und das Glück des Herzens zerstörte, die allen – ob gut oder böse – das Tor des Himmels verriegelte!

Die Kunde des Engels, der Retter sei da, »er wird sein Volk von seinen Sünden erlösen«[7], besagt das gleiche, was wir in einem Weihnachtslied singen: »Heut schließt er wieder auf die Tür zum schönen Paradeis, der Kherub steht nicht mehr dafür, Gott sei Lob, Ehr und Preis!«[8]

Das Himmelreich ist nah

Zum Zeugnis dafür, daß die Tore des Paradieses bereits entriegelt sind, wird Jesus nicht nur mit Worten die Nähe des Himmelreiches verkünden. Er wird – gleich zu Beginn seines Auftretens – Wasser in Wein verwandeln, mit wenigen Broten Tausende speisen, viele Menschen von ihren Krankheiten, Gebrechen und Dämonen befreien. Und als erstes Zeichen dafür, daß er den Tod entmachten wird, wird er sogar Tote zum Leben erwecken.

Bald wird er auch den Aposteln auftragen: »Geht und verkündet: Das Himmelreich ist nahe. Heilt Kranke, weckt Tote auf, macht Aussätzige rein, treibt Dämonen aus!«[9]

Voller Freude werden die Jünger nach ihrer Rückkehr von ihren Heilungswundern berichten und stolz hinzufügen: »Herr, sogar Dämonen gehorchen uns, wenn wir deinen Namen aussprechen.«[10]

Wunder sind zwar äußerst selten geworden; aber, so selten sie auch heute sind, sie geschehen. Zeichen und Wunder gehören zur Frohbotschaft Jesu. Sie werden sie bis zum Ende der Welt begleiten und allen Zeiten bezeugen: »Das Himmelreich ist nahe!«[11]

Betroffen von seiner Lehre

Die Bedeutung der Wunder wird heutzutage oft unterbewertet. Sie haben eine heilsgeschichtliche Bedeutung, insbesondere die unseres Herrn. Alles, was Gott wirkt, ist bedeutungsvoll. Doch bedeutungsvoller als alle Wunder sind Jesu Worte. Während uns heute Wunder nur selten gewährt werden, ist uns Jesu Wort entschieden besser zugänglich als den Volks- und Zeitgenossen unseres Herrn. Sie, die Apostel ausgenommen, hörten ihn nur gelegentlich und verstanden ihn kaum. Selbst die Apostel begriffen ihren Meister vor der Geistsendung wenig. Wir, die Glaubenden, haben Jesu ganze Botschaft zusammengefaßt vor unseren Augen und vermögen sie, belehrt durch die Kirche und erleuchtet durch den Heiligen Geist, besser zu verstehen als alle damaligen Hörer und Jünger Jesu.

Was wir allerdings gegenüber den Hörern Jesu entbehren müssen, sind die Faszination seiner Persönlichkeit, die Macht seiner Rede und das Erlebnis des Neuen, des »nie Gehörten«. Uns sind die großen, frohmachenden Wahrheiten der Botschaft Jesu schon so selbstverständlich geworden wie Bewohnern eines majestätischen Hochgebirges die Reize ihrer Landschaft.

Die Zuhörer Jesu waren »betroffen von seiner Lehre«[12]. Sie konnten noch spüren, daß er redete

»wie einer, der ›göttliche‹ Vollmacht hat«[13], daß sein Wort die Welt aus den Angeln hob, daß von seinen Botschaften eine die andere überbot, so wie im Hochgebirge ein Berg den anderen an Größe und Majestät überragt.

Für die Zuhörer Jesu muß es eine unglaubliche Botschaft gewesen sein, wenn Jesus erklärte: »Bittet, dann wird euch gegeben.«[14] – »Alles, was ihr im Gebet erbittet, werdet ihr erhalten, wenn ihr glaubt«[15] – »Macht euch also keine Sorgen und fragt nicht: Was sollen wir essen? Was sollen wir trinken? Was sollen wir anziehen?... Euer himmlischer Vater weiß, daß ihr das alles braucht.«[16]

Für jeden, der einen festen Glauben hat, ist es eine äußerst frohe Botschaft, daß der, welcher alle Macht über Himmel und Erde besitzt, bereit ist, uns immer zu erhören, wenn wir ihn vertrauensvoll bitten.

Eine noch frohere Nachricht ist es, daß dieser allmächtige Schöpfer des Himmels und der Erde uns liebt wie ein guter Vater seine Kinder, ja viel mehr noch als dieser: »Wenn nun schon ihr, die ihr böse seid, euren Kindern gebt, was gut ist, wieviel mehr wird euer Vater im Himmel denen Gutes geben, die ihn bitten!«[17 a]

Eine weitere Steigerung erfährt die Frohbotschaft der Liebe Gottes durch die Gleichnisse von der verlorenen Drachme, vom verlorenen Schaf und vom verlorenen Sohn. Sie schildern uns, daß Gottes Liebe und Barmherzigkeit keine Grenzen kennen. Selbst die Menschen, die sich durch Laster, Glaubenslosigkeit und durch die schlimmsten Verbrechen, ja durch Völkermord von Gott entfernt haben, liebt er trotzdem weiter. – Man denke an Malenkow, den Komplizen und ersten Nachfolger Stalins, der laut verschiedentlicher seriöser Pressemeldungen als gläubiger Christ gestorben ist.

Gott schreibt den Menschen, der auf Abwegen ist, nicht einfach ab – auch nicht solche, die wegen ihrer Untaten von ihren Mitmenschen abgeschrieben werden. Nein, er ist wie ein guter Hirt, der mühsam die ganze Gegend nach einem verirrten Schaf abkämmt; er handelt wie eine Frau, die sich nicht scheut, selbst für eine kleine verlorene Münze das ganze Haus auf den Kopf zu stellen; er ist, wie gute Eltern sind, die der Heimkehr eines davongelaufenen Kindes mit brennender Sorge entgegenharren. Gott verstößt die nicht, die an ihm und ihren Mitmenschen schuldig geworden sind. Nein, er sorgt sich um sie.[17b]

Und ist der Verirrte schließlich heimgekehrt, macht Gott ihm keine Vorhaltungen. Er schließt ihn in seine Arme und läßt, statt »Moralpauken« zu halten, für ihn ein Festmahl der Freude bereiten.

Für diejenigen, die kein Sündenbewußtsein mehr haben, mag das im Augenblick wenig besagen. Doch auch für sie sind diese Gleichnisse die Frohbotschaft: Gott schreibt euch nicht ab. Er sucht euch und wartet auf euch.

Erst recht ist die Botschaft von der Barmherzigkeit Gottes für alle, die glaubend wissen, was Sünde ist, zutiefst befreiend. Alle, die sich in Sünden verstrickt haben und einen Ausweg suchen, ihn aber noch nicht finden, sollen wissen: Gott wartet auf mich!

Ja auch für den, der sich müht, den rechten Weg zu gehen, enthalten die erwähnten Gleichnisse eine trostvolle Botschaft; denn gerade er weiß, daß auch er ein Sünder ist, daß auch er immer wieder von dem geraden Weg oder von dem Ideal abweicht, zu dem er berufen ist. Darum glaubt auch er sich in diesen Gleichnissen mitgemeint und fühlt sich ermuntert, zurückzukehren.

Gott wartet auf die Rückkehr aller, die sich irgendwie verlaufen haben. Und haben sie wieder von ihrem kleineren oder größeren Irrweg zurückgefunden, dann herrscht im Himmel über sie mehr Freude als über diejenigen, die der Umkehr nicht bedurften.

Tiefen Frieden kann diese Botschaft von der Liebe Gottes zu seinen treulosen Kindern auch all denen bringen, die um das ewige Heil eines lieben Menschen bangen. Wie viele Eltern leiden Ängste um ihre Kinder, wie viele Frauen um ihre Männer, wie viele Großeltern um ihre Enkelkinder! Sie alle, die um anderer willen Ängste durchleiden, können in dieser Botschaft Trost finden. Sie können gewiß sein, Gott sorgt sich mit ihnen – mehr noch als sie – und steht zu seinem Wort: »Bittet, dann wird euch gegeben.«[18] – »Werft alle eure Sorgen auf ihn (den Herrn), er kümmert sich um euch.«[19]

Die Botschaft von der Barmherzigkeit Gottes ist eine Frohbotschaft für ausnahmslos alle, weil alle Menschen Sünder sind und fast alle Nahestehende haben, die sich selbst zu wenig um ihr eigenes ewiges Heil sorgen.

Ihr alle seid Götter

Die Kunde, daß Gott uns liebt, ist trostvoll. Die Kunde, daß er uns mehr liebt als ein Vater seine Kinder, ist befreiend. Die Kunde, daß er uns nicht nur *wie* seine Kinder liebt, sondern uns zu seinen Kindern und zu Erben seines Reiches bestimmt hat, ist einer der Höhepunkte der Frohbotschaft.

Wenn schon von den Bürgern des Alten Gottesvolkes gesagt wurde, »Ihr alle seid Götter«[20], und wenn Jesus sich hinter diese Aussage stellt[21], um wieviel mehr gilt das dann von den Bürgern des Neuen Volkes Gottes!

Gott hat die Getauften nicht nur adoptiert. Er hat ihnen in einer geistlichen Geburt göttliches Leben geschenkt, damit sie einstens zur engsten Lebensgemeinschaft mit ihm gelangen können.

Echte Lebensgemeinschaft ist aber nur möglich unter Lebewesen, die annähernd auf gleicher Stufe stehen, deren inneres Wesen einander ähnlich ist.

Eine Zierpflanze in unserer Wohnung kann keine Lebensgemeinschaft mit uns pflegen. Sie kann uns nicht hören und nicht sehen. Sie steht auf einer wesentlich tieferen Seinsstufe.

Auch ein Haustier ist nicht befähigt, uns ein Lebensgefährte im vollen Sinn des Wortes zu werden. Es vermag uns zwar zu sehen und zu hören und kann unser Wohlwollen oder unsere Ablehnung spüren. Ja unter Umständen kann es sogar unsere Freude oder Trauer wahrnehmen und gefühlsmäßig an ihr teilnehmen. Dadurch ist es ihm möglich, eine echte Beziehung zu uns zu gewinnen. Aber die wichtigsten Voraussetzungen für eine volle Lebensgemeinschaft mit uns gehen ihm ab:

Erstens kann das Tier uns nicht aus freiem Entschluß lieben. Nur instinktiv kann es uns zugeneigt sein.

Zweitens kann es uns nicht wirklich verstehen.

Einer kann das große Los gewonnen haben, sein Hündchen versteht es nicht. Und stirbt einem der liebste Mensch, man kann es dem Tier nicht begreiflich machen.

Die Unfähigkeit des Tieres, einen Menschen zu verstehen und ihn aus freiem Entschluß zu lieben, schafft zwischen ihm und dem Menschen eine Kluft, die eine echte Lebensgemeinschaft unmöglich macht.

Die Kluft zwischen Gott und Mensch ist buchstäblich unendlich größer. Zwar kann der Mensch auf Grund seines Verstandes erkennen, daß es einen Gott gibt. Auch kann er sich auf Grund seines Willens für Gott entscheiden und ihn lieben. Aber Gott sehen und hören, Gott begreifen und erfassen kann er nicht.

Auch auf Grund menschlicher Wesensgestalt, menschlicher Ärmlichkeit, paßt der Mensch nicht zu Gott. Eine unansehnliche Kröte paßt besser in unsere Wohnungen als ein Mensch in die »Wohnung« Gottes, in Gottes Herrlichkeit. Gott ist der ganz andere, der unendlich Erhabene. Deswegen ist zwischen Gott und Mensch eine Lebensgemeinschaft nicht ohne weiteres möglich.

Die Kluft zwischen ihm und dem Menschen muß erst überbrückt werden. Die Brücke vermag der Mensch aber nicht zu schlagen. Das vermag nur Gott.

Während einer langen Heilsgeschichte hat er den Brückenbau zum Menschen hin vorbereitet und begonnen. Die entscheidende Brücke aber, die alles vorausgehende wesentlich überragt, schlug Gott durch die Menschwerdung seines eingeborenen Sohnes.

Durch sie ist er auf unsere Ebene herabgestiegen;

damit sind wir aber noch nicht zu seiner Höhe gelangt und können deswegen immer noch nicht an seinem göttlichen Leben teilnehmen.

Der Mensch braucht, um zur Lebensgemeinschaft mit Gott gelangen zu können, ein göttliches Wesen oder, bildlich gesagt, göttliche Augen, um Gott sehen zu können, göttliche Ohren, Gott hören zu können, einen göttlichen Verstand, Gott begreifen zu können, einen göttlichen Willen, um mit ihm herrschen zu können, und eine gottähnliche Gestalt – noch plastischer gesagt, einen göttlichen »Leib« –, um mit ihm eins werden zu können. Gott muß uns also umgestalten, auf seine Ebene emporziehen, zu wirklichen »Kindern Gottes« machen. Das und nichts Geringeres ist mit dem göttlichen Leben, das wir in der Taufe erhielten, gemeint.

Bei der heiligen Taufe werden wir nicht nur von der Erbschuld befreit und nicht nur eingegliedert in das neue Gottesvolk sowie in den mystischen Leib Christi. Gott haucht seinen Geist in sein Abbild. Gott macht diejenigen, die er als sein Bild erschaffen hat, zu einer Art zweitem »Ich«. Er gibt uns Anteil am göttlichen Leben seines vielgeliebten Sohnes.

Nehmen wir an, ein Künstler könnte und würde einem Selbstbildnis seine Seele einhauchen, dann würde aus diesem Selbstbildnis ein zweites Ich des Künstlers. Das vermag ein menschlicher Künstler nicht. Der göttliche Künstler kann es, tat es und tut es. Aus seinen Abbildern macht er »Götter«, die ihm zwar nicht völlig gleich, aber doch ähnlich sind.

Das göttliche Leben erhebt den so begnadeten Menschen damit über die gesamte übrige Schöpfung, das gesamte Weltall – so gewaltig und so groß es auch ist.

Solange wir hier auf Erden leben, tragen wir dieses göttliche Leben noch keimhaft in uns, unsichtbar, als verlierbaren »Schatz« in »Gefäßen menschlicher Gebrechlichkeit«[22]. Erst wenn wir nach dem Tode gewürdigt werden, zu Gott zu gelangen, kommt es voll zur Entfaltung. Dann werden sich unsere Augen und Ohren für ihn öffnen, dann wird sich unser Verstand und wird sich unser Wille weiten, dann wird unser Wesen dem seiner Herrlichkeit ähnlich werden.

Paulus schreibt in seinem Brief an die Römer: »Alle, die er im voraus erkannt hat, hat er auch im voraus dazu bestimmt, an *Wesen* und *Gestalt* seines Sohnes teilzuhaben, damit dieser der *Erstgeborene* von vielen *Brüdern* sei.«[23]

Er, der Sohn Gottes, der Erstgeborene vor aller Zeit! Wir, seine Brüder und Schwestern, die aus Gott Nachgeborenen in der Zeit – dem Sohne Gottes ähnlich an Wesen und Gestalt!

Damit sind wir, so versichert uns Paulus, »Hausgenossen Gottes«[24], »Erben Gottes und Miterben Christi«[25].

Johannes sagt gleich zu Beginn seiner Frohbotschaft: »Allen, die ihn aufnahmen, gab er Macht, Kinder Gottes zu werden.[26] ... *Aus seiner Fülle* haben wir alle empfangen, Gnade über Gnade«[27].

Bald darauf, im dritten Kapitel, führt Johannes den Gedanken von der Gotteskindschaft weiter. Dieses Kapitel ist besonders bedeutungsvoll, weil es die wesentlichsten Grundgedanken seines ganzen Evangeliums enthält. Es zeigt auf, wie man zur Kindschaft Gottes und zum Reiche Gottes gelangt und wie man den Sohn Gottes aufnimmt: durch eine *Neugeburt*, die im *Glauben* an ihn möglich wird: »Amen, amen, ich sage dir:«, Worte Jesu an Nikodemus, »wenn jemand nicht von neuem geboren wird, kann er das Reich Gottes nicht schauen« [28]. – Es fehlen ihm dann die Augen für die Herrlichkeit Gottes, so könnte man diese Stelle auslegen. – Als Nikodemus daraufhin verständliche Zweifel äußert, bekräftigt der Herr mit einem erneuten, verdoppelten Amen: »Amen, amen, ich sage dir: Wenn jemand nicht aus Wasser und *Geist* geboren wird, kann er nicht in das Reich Gottes kommen. Was aus dem Fleisch geboren ist, das ist *Fleisch*; was aber aus dem Geist geboren ist, das ist *Geist.*«[29]

Mit »Fleisch« ist das gemeint, was der Mensch, zumal der durch die Erbsünde belastete, als bloßes Geschöpf ist. Das »Fleisch« ist aus sich nicht fähig, zu Gott zu gelangen. So groß und edel ein Mensch auch sein mag, ohne das göttliche Leben kann er nicht in den Himmel kommen. Selbst wenn ein Mensch alle denkbaren Tugenden besäße und dadurch im sittlichen Bereich Gott ähnlich wäre, selbst wenn er eine heroische Gottes- und Nächstenliebe hätte, es reichte nicht aus für eine persönliche Lebensgemeinschaft mit Gott. Eine wesenhafte, naturhafte Ähnlichkeit mit ihm ist unerläßlich.

Mit dem »Geist«, aus dem der Mensch wiedergeboren werden muß, ist zweifellos der Geist Gottes, ist Gott selbst gemeint. Die Taufe ist Geburt aus Gott.

»Seht, wie groß die Liebe ist, die der Vater uns geschenkt hat«, so drückt der 1. Johannesbrief die Frohbotschaft von unserer Gotteskindschaft aus. »Wir heißen Kinder Gottes, und wir sind es... Jetzt sind wir Kinder Gottes. Aber was wir sein werden

(d. h., wie wir deswegen einstens aussehen, d. V.), ist noch nicht offenbar geworden. Wir wissen, daß wir ihm ähnlich sein werden, wenn er offenbar wird.«[30] »Dann werden die Gerechten im Reiche *ihres Vaters* wie die Sonne leuchten. Wer Ohren hat, der höre!«[31], so bezeugt dazu nachdrücklich der Herr selbst.

Es gab Heilige, die in visionärer Schau Seelen im Lichtglanz des göttlichen Lebens sehen durften, so zum Beispiel die heilige Katharina von Siena. Tief ergriffen rief sie in einer solchen Vision aus: »Herr, wüßte ich nicht, daß es nur einen Gott gibt, ich würde glauben, diese Seele wäre Gott!«[32]

Und doch hatte die Seherin zweifellos nur bildhaft, schemenhaft die vergöttlichte Seele schauen können. Göttliches bleibt, wie schon an anderer Stelle dargelegt, hier auf Erden allen verborgen – auch den größten Mystikern. Der bloße Mensch kann das eigentlich beziehungsweise ausgesprochen Göttliche hier noch nicht fassen.

Auf die Frage, wer Gott sei, antwortet Augustinus in seinen Bekenntnissen:

»Ich fragte die Erde, und sie sagte: ›Ich bin es nicht.‹ Und alles, was in ihr ist, legte mir das gleiche Bekenntnis ab. Ich fragte das Meer und die Abgründe und die kriechenden Tiere. Sie erwiderten: ›Wir sind nicht dein Gott; suche oberhalb unser.‹

Ich fragte die wehenden Winde; und das ganze Gefilde der Luft mit seinen Bewohnern sagte mir: ›Anaximenes täuscht sich, wir sind nicht Gott.‹ Ich fragte den Himmel, die Sonne, den Mond und die Sterne: ›Auch wir sind nicht Gott, den du suchst‹, antworteten sie.

Ich wandte mich an alle Dinge, die vor den Türen meines Leibes stehen: ›Redet mir von meinem Gott, der ihr nicht seid, sagt mir etwas über ihn.‹ Da riefen sie mit lauter Stimme: »Er hat uns gemacht.‹«[33]

So ähnlich könnte ein Mensch, dem das göttliche Leben geschenkt ist, fragen:

Ich frage die Erde mit ihren Pflanzen und Tieren, ihren Flüssen und Meeren, ihren Bergen und Auen: Ist meine Seele dir gleich? Sie aber gesteht: Nichts von mir kann ihr gleichen. Greife höher!

Ich frage die Sonne, den Mond und die Sterne; ich frage die unendlichen Räume des Alls: Hat meine vergöttlichte Seele etwas von eurer Größe und eurem Glanz? Sie erwidern: Wir sind nichts mehr als »Fußstapfen Gottes«. Deine begnadete Seele dagegen ist Gott ähnlich an Wesen und Gestalt. Darum sind wir auch von deiner Seele nur ein blasses »Bild und Gleichnis«. Greife höher!

So wende ich mich schließlich an Gott selbst und frage Gott Vater: Ist meine begnadete Seele denn wirklich dir gleich? Und voller Liebe gibt er zur Antwort: Gleich ist sie mir nicht. Gleich ist mir nur mein Sohn, mit dem ich und der Heilige Geist eins sind. Nur wir erkennen die ganze Tiefe unserer Gottheit. Nur wir haben vollendete Gemeinschaft miteinander. Aber deine Seele ist meinem Sohne ähnlich nach dem Maße der Gnade, die dir geschenkt ist. Nach diesem Maße auch kann sie mich erfassen und umfassen und Gemeinschaft mit mir pflegen.

Gott zieht Konsequenzen

Man erreicht wenig, sofern man einem Kind sagt: »Wenn du fleißig lernst, dann wird auch einmal etwas aus dir.« Was später sein wird, zählt für Kinder nicht allzu viel. Was anspornt, sind die augenblicklichen Folgen: eine gute oder eine schlechte Note im Zeugnis.

Wir Erwachsenen schauen etwas weiter; wir planen voraus für die greifbare Zukunft. Aber völlig anders sind wir auch nicht. Auch bei uns zählt die Gegenwart mehr als eine allzu ferne Zukunft. Was interessiert die meisten das, was im Himmel einmal sein wird? So ganz verscherzen will sich der Durchschnitts-Christ das ewige Leben wohl nicht; aber allzu sehr begeistern kann man ihn mit Worten über die »Herrlichkeit, die an uns offenbar werden soll«[34], auch nicht.

Ja auch der religiös Interessierte und Engagierte wünscht sich zu Recht lebensnahe religiöse Unterweisung als Hilfe für das tägliche Leben.

Was aber hat unser »göttliches Leben« mit unserem täglichen Leben zu tun? Anscheinend überhaupt nichts, tatsächlich aber alles; denn Gott zieht Konsequenzen aus unserer Gotteskindschaft.

Es sei versucht, dies zunächst an einem extremen Fall aufzuzeigen, an Erfahrungen einer großen Frau, der heiligen Theresia von Avila.

Ihre letzten Lebensjahre verbrachte sie in tiefem inneren Frieden, in großer Herzensfreude und in unerschütterlicher Ruhe. Kein Leiden und keine noch so drängende Arbeit konnten ihr etwas von ihrem Frieden und ihrer Freude nehmen.

Woraus schöpfte sie diese Freude? Sie erlebte zutiefst, daß die Heiligste Dreifaltigkeit im Inneren ihrer Seele thronte. Im Bilde einer unbeschreiblich lichten Wolke sah sie fast ständig Gott im Zentrum ihres eigenen »Herzens« wohnen. Dort erhielt sie von ihm auch immer wieder Offenbarungen – Worte der Belehrung und Worte der Liebe. Jede einzelne der drei Personen Gottes redete mit ihr. Gottes vernehmbares Wort und Gottes spürbare Gegenwart in der innersten »Wohnung« ihrer Seele gehörten zu ihrem alltäglichen Leben.

Diese ständige Gottesschau war für sie kein Hemmschuh im täglichen Leben. Im Gegenteil! Das Erleben, daß Gott in ihr wohnt, war für sie eine dynamische Kraft, die ihr half, die Anforderungen des täglichen Lebens zu bewältigen. Sie konnte ohne Schwierigkeit auf zwei Ebenen leben: in der Erfüllung der täglichen Verpflichtungen – auch der gesellschaftlichen – und in der Beschauung des dreifaltigen Gottes in ihrer Seele.

Was aber hat das, so könnte man fragen, mit dem täglichen Leben eines Durchschnitts-Christen zu tun? Kaum einer der Leser wird derartige mystische Erlebnisse haben. Aber trotzdem, nützen könnte ihm das Wissen um sie doch.

Warum sonst hat uns Jesus als eine der letzten Frohbotschaften beim letzten Abendmahl in seiner Abschiedsrede versichert: »Wenn jemand mich liebt, wird er an meinem Wort festhalten; mein Vater wird ihn lieben, und wir werden zu ihm kommen und bei ihm wohnen!«[35]?

Was die heilige Theresia – ähnlich anderen großen Mystikern – erlebte, ist eine Veranschaulichung dieser Abschiedsbotschaft unseres Herrn. Gott schenkt den großen Heiligen solche inneren Erlebnisse nicht nur für sie allein. Er schenkt sie ihnen auch zum Heile und zur Belehrung aller.

Gott hat uns zu seinen Kindern gemacht und dazu berufen, einmal zur engsten Lebensgemeinschaft mit ihm zu gelangen. So zieht er denn jetzt schon die Konsequenz daraus und schlägt schon jetzt seinen Wohnsitz im Zentrum unserer Seele auf, sofern wir nach seinem Willen leben.

Der Durchschnitts-Christ wird nicht ebenso greifbar wie die heilige Theresia die Nähe Gottes erfahren. Er sollte aber an sie glauben; und es wird jeden sehr bereichern, dem es gelingt, aus dem Glauben an diese Frohbotschaft ein wenig sein Leben zu gestalten. Er könnte dadurch etwas von der Ruhe, dem Frieden und der Freude der heiligen Theresia erlangen.

Im Gebet, in der Bedrängnis, im Leid und nicht zuletzt in der Versuchung kann ihm der lebendige, gepflegte Glaube an diese Frohbotschaft zu einer großen Hilfe werden. Gerade in die Stunde der Versuchung ruft Paulus hinein: »Wißt ihr nicht, daß ihr Gottes Tempel seid und der Geist Gottes in euch wohnt?... Gottes Tempel ist heilig, und der seid ihr!«[36]

»Welch große Nation hätte Götter«, konnte Mose schon damals den Israeliten sagen, »die ihr so nah sind, wie Jahwe, unser Gott, uns nahe ist, wo immer wir ihn anrufen?«[37]. Doch was ist die Nähe, die Gott dem alten Gottesvolk gewährte, im Vergleich zu jener Nähe, die er allen Guten des neuen Gottesvolkes schon jetzt gewährt!?

Der ferne nahe Gott

In der Zeitschrift »Publik-Forum« schreibt eine kritische Frau: »Wenn aber die Kirche in ihrer Verkündigung den Hauptakzent auf die Gottessohnschaft Jesu legt und dabei sein Menschsein hintanstellt, könnte es passieren, daß der Glaube auf eine Art ›Überbau‹ reduziert wird. Mit einem Feiertags- und Sonntagsglauben ist man nicht aufgefordert, sich auseinanderzusetzen. Ich habe das Gefühl, daß mir etwas weggenommen wird, und gleichzeitig präsentiert man mir, als eine Art ›Trostpflaster‹, einen verherrlichten Christus. Ich möchte ihn aber hier unten suchen und finden. Ich brauche ihn im Alltag. Wird uns Christus so weit ›entrückt‹, werden automatisch auch die Probleme der Welt entrückt.«[38]

Es wäre schon so, – wenn es so wäre! Aber ist es wirklich so, daß die Kirche das Menschsein Jesu »hintanstellt«? Ist es je so gewesen? Wurde in der christlichen Kunst des Abendlandes nicht immer der Herr dargestellt als Mensch unter Menschen; als Kind nackt und bloß in der Krippe; als Geschundener nackt und verunstaltet am Kreuz? Und haben die Künstler nicht all ihre Anregungen aus der Glaubenslehre und der Glaubensverkündigung geschöpft?

Freilich, in vergangenen Zeiten haben die Gläubigen es vielleicht zu wenig ernst genommen, daß Jesus uns als Mensch wirklich in allem, außer der Sünde, gleich geworden ist.

Er hatte, wie die Kirche immer mit Nachdruck lehrte, keinen Scheinleib. Darum hat er auch als Kleinkind nicht nur zum Schein gestammelt und sich später nicht nur zum Schein über dieses oder jenes gewundert. Es war auch keine Ausrede, wenn Jesus den Aposteln sagte, daß auch er die Stunde seiner Wiederkunft nicht kenne. Er ist nicht nur zum Schein versucht worden und hat nicht nur zum Schein gelitten.

Als wahrer Mensch hatte Jesus einen wahren Wachstums- und Reifungsprozeß auf allen Ebenen menschlichen Daseins. »Jesus aber wuchs heran, und seine Weisheit nahm zu, und er fand Gefallen bei Gott und den Menschen«[39], so lehrt es uns Lukas. – Wachstum also an Weisheit! – Er selbst sagt von sich: »Ich heilige mich für sie, damit auch sie in Wahrheit geheiligt sind.«[40] – Wachstum an Heiligkeit! – Im Hebräerbrief heißt es: »Obwohl er Sohn war, hat er durch Leiden den Gehorsam gelernt.«[41] – Wachstum und Reifung im Gehorsam! – Im Kreuzestod, mit seiner Verdemütigung, seiner Qual, seiner Verlassenheit und all den furchtbaren Versuchungen zum Haß gegen seine Feinde, zum Groll über seine Jünger, zum Hadern mit seinem Vater, ist Jesu Liebe zum Vater und zu den Menschen zur höchsten Vollendung gelangt. – Wachstum an Liebe!

Nicht den leisesten Schatten der Sünde und nicht den geringsten Anflug von Ungeduld, Menschenverachtung oder Haß hat er in sich aufkommen lassen. »Vater, ... nicht mein, sondern dein Wille soll geschehen«[42], – »Vater, vergib ihnen, denn sie wissen nicht, was sie tun«[43], das waren die Haltungen, die er auch während seines ganzen Leidens ohne Wanken durchgehalten hat.

Wer Jesus auch nur die geringste sündhafte Unvollkommenheit oder ungeordnete Begierlichkeit in seinem Leben oder Leiden andichtet, der untergräbt den

Glauben an unsere Erlösung. Denn, hätte Jesus die geringste sündhafte Schwäche gehabt, hätte auch er einen Erlöser gebraucht; wir wären nicht erlöst.

Die Doppel-Frohbotschaft, die an uns ergangen ist, heißt: »Wir haben ja nicht einen Hohenpriester, der nicht mitfühlen könnte mit unserer Schwäche, sondern einen, der in allem wie wir in Versuchung geführt worden ist, aber nicht gesündigt hat.«[44a]

Früher wurde die Frohbotschaft, daß der Sohn Gottes uns in allem gleich wurde, ein wenig geschmälert. Heute wird recht oft die Frohbotschaft, daß Jesus ohne jede sündhafte Schwäche war, nicht nur geschmälert, sondern mißachtet. In ungebührlicher Weise wird er auf unsere Ebene gezerrt. So heißt es beispielsweise in einer »Meditation« über die Heilige Familie: »die mutter / der vater / das kind / die heilige familie // vergiß / was du / über sie / gehört hast / ...wenn du etwas / über / sie wissen / willst / ...schau in die / eigene familie / ... // verstehen / enttäuschung / zuneigung / ablehnung / trennung / umarmung / zorn / liebe // vergleiche / dich mutig / mit ihr / und halte / dich nicht / für schlechter // vergiß / was du / über sie gehört hast / sie war eine / ganz und gar / normale / familie / deshalb / halte sie / heilig.«[44b]

Eine solche Geringschätzung der Heiligen Familie, und damit einschlußweise auch der Person Jesu, hängt innerlich damit zusammen, daß die Glaubenswahrheit, daß Jesus der Sohn Gottes ist, dem Vater im Wesen gleich, geleugnet oder umgedeutet wird.[44c]

Neben denen, welche die Wahrheit von der Gottessohnschaft Jesu leugnen oder umdeuten, gibt es noch mehrere, die aus fragwürdigen pastoralen Erwägungen so über dieses fundamentale Glaubensgeheimnis sprechen, daß jeder Hörer die Aussage ganz nach seinem Geschmack auslegen kann, und wieder andere schweigen diese Wahrheit tot. Ein Bischof aus Afrika beklagt: »Die dritte Welt ist mit theologischen Publikationen der ersten Welt (Büchern, Zeitschriften, Traktaten) überschwemmt, die nicht immer rechtgläubig sind: Anstatt den Gott-Menschen Jesus Christus vorzustellen, präsentiert man Jesus Superstar.«[45]

Die am Anfang dieses Kapitels zitierte Frau täuscht sich, wenn sie meint, daß heute von der Kirche die Gottheit Jesu überbetont würde; und sie täuscht sich noch mehr, wenn sie glaubt, daß die Verkündigung der Gottessohnschaft und des »verherrlichten Christus«[38] ihn uns »entrücke«[38], ihn uns dem Alltag entreiße.

Was wäre uns Jesus, wenn er nicht der Sohn Gottes wäre? Eine bedeutende Persönlichkeit der Geschichte wie Sokrates und Plato, ein Religionsstifter wie Buddha und Mohammed! Zweitausend Jahre lägen trennend zwischen ihm und uns! Gerade dann wäre er uns tatsächlich genommen.

Wer diesem Jesus in irgendeiner Weise seine Gottheit raubt, der raubt ihn der Menschheit! Er raubt ihr auch eine der frohesten Botschaften unseres Glaubens: »Und das Wort ist Fleisch geworden und hat unter uns gewohnt, und wir haben seine Herrlichkeit gesehen, die Herrlichkeit des einzigen Sohnes vom Vater.«[46]

Was aber wäre die Folge, wenn dieser unser Gott und Bruder, Jesus, nicht verherrlicht, nicht entrückt, nicht zu unserem und seinem Vater erhoben wäre?

Wäre er dann unser Mittler beim Vater? Könnte er einem jeden von uns so nahe sein, wie er uns nun nahe ist? Ist er uns durch seine Aufnahme in den Himmel etwa entzogen worden?

»Es ist gut für euch, daß ich fortgehe. Denn wenn ich nicht fortgehe, wird der Beistand nicht zu euch kommen; gehe ich aber, so werde ich ihn zu euch senden.«[47] Jesus hätte noch hinzufügen können: Auch ich könnte euch nicht so nahe sein, wie ich euch nahe sein werde. Waren doch seine letzten Worte unmittelbar vor seiner »Entrückung«: »Seid gewiß, ich bin bei euch alle Tage bis zum Ende der Welt.«[48a]

Weil Jesus der Sohn Gottes ist und gerade weil er in den Himmel erhoben wurde, deswegen kann er uns näher sein, als er damals in seiner irdischen Gestalt seinen Volks- und Zeitgenossen nahe war.

Ganz besonders erfahren wir seine Nähe im Wunder der Eucharistie. Wenn schon die anderen Wunder, die Jesus gewirkt hat und die er als Erhöhter heute noch wirkt, Zeichen des nahenden Gottesreiches sind, dann ist es das Wunder der Eucharistie in einzigartiger Weise. Besonders in ihm ist das Reich Gottes schon mitten unter uns.

Aber, wozu eigentlich die Verbindung mit Jesus in der Eucharistie, wenn doch der Dreifaltige ständig in uns wohnt, so könnte man fragen und so fragen auch einzelne.

Erstens ist die Verbindung mit Jesus bei der heiligen Kommunion und der ganzen Feier der Eucharistie eine spezielle Verbindung mit unserem Erlöser und seinem Erlösungswerk.[48b] Wir gehen bei dieser Feier in sein Kreuzesopfer ein. So ist die Eucharistie eine Quelle der Kraft für unser tägliches Leben und eine

Festigung unserer Verbindung mit unserem Erlöser und durch ihn mit dem Dreifaltigen Gott: »Wer mein Fleisch ißt und mein Blut trinkt, der bleibt in mir, und ich bleibe in ihm.«[49]

Zweitens ist die Eucharistie ein *sichtbares Zeichen* der Nähe Gottes. Wir Menschen sind als sinnenhafte Wesen auf Zeichen angewiesen. Deswegen vermittelt Gott alle entscheidenden Gnadengaben normalerweise durch sakramentale Zeichen.

Drittens ist dieses Sakrament auch ein Zeichen für unsere zukünftige Verbindung mit Gott in der Vollendung. Wie sich der Herr bei der heiligen Kommunion jedem ungeteilt und jedem ganz schenkt – so viele ihn auch empfangen –, so wird Gott in der Ewigkeit für jeden ungeteilt und ganz da sein. Für wen Gott da ist, für den ist er ganz da – nicht nur mit halbem »Ohr« und halbem »Herzen«. Ja er wird mit jedem eine *ähnliche* Verbindung eingehen wie mit seinem Eingeborenen Sohn,[50a] der für uns Mensch geworden, auferstanden und verherrlicht ist. In ihm und durch ihn sind wir als Volk Gottes und als Einzelperson von Gott geliebt und in seine ewige Gemeinschaft aufgenommen.

Viertens: Da im Geheimnis der Eucharistie sich Gott auch mit unserem Leib verbindet, bekundet die Eucharistie die Frohbotschaft, daß auch unser Leib einmal an der Herrlichkeit ewigen Lebens teilnehmen soll: »Wer mein Fleisch ißt und mein Blut trinkt, der hat das ewige Leben, und ich werde ihn auferwecken am letzten Tage.«[50b]

Zwar bleiben all diese Geheimnisse unseren Sinnen verborgen – dem Glaubenden jedoch schenkt die Frohbotschaft absolute Gewißheit.

Zwar tragen wir den Schatz göttlichen Lebens in »zerbrechlichen Gefäßen«[51a] – dem Hoffenden aber schenkt die Frohbotschaft feste Zuversicht.

Zwar werden wir trotz unserer hohen Würde und unserer Gottesnähe »von allen Seiten in die Enge getrieben«[51b] – dem Liebenden aber gewährt die Frohbotschaft Geduld, Trost und Freude.

Trostbotschaft

»Wie kann Gott das zulassen?!« Diese Frage steht schon so lange im Raum, wie der Menschheit ein gütiger Vatergott verkündigt wird, und in unserer heutigen Zeit erschüttert gerade diese Frage förmlich den Glauben vieler. Oder ist es umgekehrt? Ist es vielleicht so, daß der *mangelnde* Glaube unserer Zeit die Not und das Leid in der Welt wie ein Faustpfand gegen Gott in der Hand hält? Wenn er allmächtig ist und die Menschen liebt, warum läßt er dann dieses maßlose Leid in der Welt zu? Entweder kann er es nicht verhindern, dann ist er nicht allmächtig. Oder er will es nicht verhindern, dann kann es mit seiner Liebe nicht weit her sein.

Diese Logik scheint zu schließen, und sie ist auch schlüssig – für alle, die nicht glauben; denn die dritte Möglichkeit, daß Gottes Gedanken hoch erhaben über allem menschlichen Denken sind, läßt der Stolz des Gott-Kritikers nicht zu.

Daß Gott doch allmächtig ist, erkennt der Glaubende aus der gewaltigen Schöpfung und aus dem Walten Gottes in der Geschichte – wie Friedrich Opitz in seiner Schrift »Klopfzeichen Gottes«[52] so eindrucksvoll dargelegt hat.

Daß Gott die Liebe ist, ersieht der Glaubende aus Gottes Menschwerdung und aus Jesu Tod am Kreuz.

Im Kreuzestod des Sohnes Gottes bricht die ganze, oben genannte Beweisführung dafür, Gott sei entweder nicht allmächtig oder nicht voller Liebe, zusammen.

Gott Vater hätte seinem Sohn »mehr als zwölf Legionen Engel zu Hilfe schicken«[53] können. Er hatte die Macht dazu, und er liebte seinen Sohn über alles. Trotzdem hat er von dieser Macht keinen Gebrauch gemacht.

Wer an Jesus Christus und an sein Erlösungswerk glaubt, muß auch an den Sinn des Leidens glauben und ebenso an seine letzte Ursache: die Sünde.

Wie Gott Vater seinem eingeborenen Sohn das Leiden nicht erspart hat, so kann er es auch uns nicht ersparen, obwohl, ja weil er uns liebt.

Sind wir Brüder und Schwestern Christi, dann sind wir nicht nur Söhne und Töchter Gottes. Wie Jesus, unser Herr, auch Knecht Gottes war, so sind wir, gleich ihm, auch Knechte und Mägde Gottes. »Solange der Erbe unmündig ist, unterscheidet er sich in keiner Hinsicht von einem Sklaven, obwohl er Herr ist über alles.«[54]

Mit dem Sohn Gottes müssen seine Brüder und Schwestern auch sein Sklavenschicksal teilen, um wie er durch Leiden Gehorsam zu lernen, zu wachsen und zu reifen und um dann auch mit ihm sagen zu können: Mußten wir nicht alles das leiden, um so in unsere Herrlichkeit einzugehen?

Das ist die Trostbotschaft: Alles Leid, so unverständlich es uns auch erscheint, wird allen Glaubenden unvorstellbaren Lohn bringen: »Ich bin überzeugt«, sagt Paulus, »daß die Leiden der gegenwärtigen Zeit nichts bedeuten im Vergleich zu der Herrlichkeit, die an uns offenbar werden soll. Denn die ganze Schöpfung wartet sehnsüchtig auf das Offenbarwerden der Söhne Gottes.«[55]

Der Herr geht noch einen Schritt weiter als Paulus, wenn er die »selig« nennt, die leiden müssen. »Selig die Trauernden; denn sie werden getröstet werden.«[56]

Das Leid ist für alle, die der Frohbotschaft glauben, zwar nicht beseitigt, nicht entmachtet oder entschärft, aber es ist ihm seine Sinnlosigkeit entrissen. Das scheinbar Sinnloseste bietet die Chance, die Krönung des Lebens zu werden. – Für den Ungläubigen billige Vertröstung; für den Glaubenden echter Trost!

Obwohl Jesus den Hauptakzent auf das zukünftige Leben legt und zur Kreuzesnachfolge ruft, geht er doch nicht ungerührt an der irdischen Not der Menschen vorüber. Er sieht vor sich die hungernde Volksmenge und sagt: »Ich habe Mitleid mit diesen Menschen.«[57] Dann speist er Tausende mit wenigen Broten. Er stößt in Naim auf einen Leichenzug. Jesus wird von Mitleid ergriffen und schenkt der verlassenen Witwe ihren einzigen Sohn lebend zurück.[58] Der Herr kennt alle Bedrängnisse des täglichen Lebens und ruft alle Bedrängten auf: »Kommt alle zu mir, die ihr euch plagt und schwere Lasten zu tragen habt. Ich werde euch Ruhe verschaffen.«[59]

Das Reich Gottes, das mit Jesus schon anbricht, wirkt schon in das irdische Leben hinein. So ist auch die Frohbotschaft Jesu keineswegs rein jenseitig. Sie hat ihren Ausgangspunkt auf dieser Erde, bleibt ihr aber nicht verhaftet. Sie ist transzendent, hinüberweisend. »Jeder, der um des Reiches Gottes willen Haus oder Frau oder Brüder, Eltern oder Kinder verlassen hat, wird dafür schon in dieser Zeit das Vielfache erhalten und in der kommenden Welt das ewige Leben.«[60]

Der Schwer- und Zielpunkt der Frohbotschaft und ihr eigentlicher Kern ist jedoch das kommende Leben, in dem Gott »alle Tränen aus den Augen abwischen«[61] wird und in dem es »keine Trauer und keine Klage und keine Mühsal«[61] mehr geben wird. Wenn sich diese und ähnliche Verheißungen Jesu nicht erfüllten, »wenn wir unsere Hoffnung nur in diesem Leben auf Christus gesetzt haben, wären wir erbärmlicher daran als alle anderen Menschen«[62], wie kein anderer als der heilige Paulus sagt.

Jesus verheißt seinen Getreuen nicht ein langes bequemes Leben auf Erden, sondern nach »Kreuz und Tod« dereinst ein ewiges Leben – das aber in grenzenlosem Glück.

Die Frohbotschaft der Frohbotschaft

Der evangelische Pfarrer Richard Wurmbrand berichtet in seinem ergreifenden Buch »Gefoltert für Christus« von einem Glaubensgespräch, das ein russischer Offizier bei ihm suchte.

Obwohl dieser ohne jedwede religiöse Erziehung war und keinerlei Kenntnisse über unseren Glauben besaß, suchte und liebte er Gott. Begeistert, nein tief ergriffen, hörte er zu, als Wurmbrand die Bergpredigt und die Gleichnisse vorlas. Als dann der Bericht über das Leiden und Sterben des Herrn folgte, sackte der Russe in seinen Lehnstuhl und begann fassungslos zu weinen. Die Liebe zu unserem Erlöser war in ihm aufgebrochen, und nun war sein Erlöser tot.

Als Wurmbrand dann den Bericht über die Auferstehung vorlas, schlug die Trauer des Offiziers um in überschwengliche Freude. Er schlug sich auf die Schenkel und rief überwältigt: »Er lebt, er lebt!« Wie ein Kind hüpfte er in übergroßer Freude in der Stube umher.

Nach einiger Zeit lud ihn dann Pfarrer Wurmbrand zum Gebet ein. Beide knieten sich nieder. Der russische Offizier formulierte nun folgendes Gebet: »O Gott, was bist du für ein guter Kerl! Wenn ich du wäre und du wärst ich, hätte ich dir nie deine Sünden vergeben. Aber du bist wirklich ein prima Kerl. Ich hab' dich von ganzem Herzen lieb.«[63]

Ein Mensch, welcher die Frohbotschaft verstanden hat: die Frohbotschaft der Bergpredigt und der Gleichnisse, die Frohbotschaft von der Liebe Gottes zu uns Sündern und die Botschaft über das Leiden und Sterben Jesu, die schließlich zur Frohbotschaft der Frohbotschaften wurde, zur Botschaft von der Auferstehung unseres Herrn, die auch die Hoffnung auf unsere eigene Auferstehung einschließt.

Beide Botschaften, die von der Auferstehung Jesu wie die von unserer einstigen Auferweckung, scheinen dem menschlichen Denken so unglaublich, daß der Großteil der Menschheit noch nicht oder nicht mehr an sie glaubt. Die ganze Welt wäre in einigen Jahren, ja in einigen Monaten christlich geworden, hätte diese Botschaft lebendigen Glauben gefunden. So wie die Kunde von der Auferstehung des Herrn unter den Jüngern – trotz aller Skepsis – wie ein Lauffeuer von Mund zu Mund weiterflog, so wäre auch die Botschaft von unserer zukünftigen Auferstehung in Windeseile über die ganze Welt gejagt. »Der Tod ist tot! Wir werden einmal auferstehen und dann ewig leben! Und alle lieben Verstorbenen werden wir einmal wiedersehen!« So oder ähnlich wäre die Neuigkeit von der Auferstehung von Mund zu Mund, von Land zu Land, von Kontinent zu Kontinent gestürmt.

Leider aber fand sie ein zu geringes Echo. Als Paulus sie in Athen verkündete, »spotteten die einen, andere aber sagten: Darüber wollen wir dich ein andermal hören... Einige Männer aber schlossen sich ihm an und wurden gläubig.«[64]

Heutzutage spottet man im allgemeinen zwar nicht über die Auferstehung, aber an sie glauben wollen zu wenige. Diese Glaubenswahrheit ist zu gewaltig und fordert Konsequenzen. »Die Botschaft hör ich wohl, allein mir fehlt der Glaube«, sagt Goethe im Sinne des größten Teiles der Menschheit.

»Er kam in sein Eigentum, aber die Seinen nahmen ihn nicht auf.«[65] Er brachte frohe Kunde von dem, was er beim Vater gesehen hat; aber die wenigsten nahmen sein Zeugnis an. Er erstand von den Toten; aber die meisten wollten davon nichts wissen.

»Allen aber, die ihn aufnahmen (durch den Glauben an ihn, d. V.), gab er Macht, Kinder Gottes zu werden«[66], an seiner Auferstehung teilzunehmen und Miterben seines Reiches zu werden.

In Amerika soll es ein Buch geben, in dem immer wieder nur ein und derselbe Satz der Bibel steht, und zwar auf jeder Seite in einer anderen Sprache. 900 Seiten umfaßt das Buch. Seinem Verfasser scheint der gewählte Bibelspruch der wichtigste und umfassendste Satz der Heiligen Schrift zu sein. Er lautet: »Gott hat die Welt so sehr geliebt, daß er seinen einzigen Sohn für uns hingab, damit jeder, der an ihn glaubt, nicht zugrunde geht, sondern das ewige Leben hat.«[67] In diesem Satz ist tatsächlich die gesamte Frohbotschaft zusammengefaßt.

Die Frohbotschaft der Wunder Jesu ist faszinierend.
Die Frohbotschaft seiner Worte übertrifft alle menschliche Weisheit.
Die Frohbotschaft der Taten seiner Liebe überschreitet alles, was sich Menschen hätten erdenken und erträumen können: Gott wird Mensch – in einem Stall. Und alles, was dann dieser Gottmensch tut und lebt, auch das eigentlich Menschliche, tut er als göttliche Person, als Sohn Gottes, als Gott. In diesem Sinn kann man sagen: Gott wächst in der Verborgenheit einer armen Familie heran; Gott wird einfacher Zimmermann; Gott ißt und trinkt mit Sündern und Zöllnern. Gott nimmt einen dieser verrufenen Zöllner und eine Dirne in seine Gefolgschaft auf. Gott stirbt für uns am Kreuz. Kraft seiner Gottheit ersteht der für uns gestorbene Herr wieder aus dem Grabe, um uns die Zuversicht zu geben, daß auch wir, wie er verheißen hat, auferstehen werden. Der für uns gekreuzigte, auferstandene und erhöhte Herr bleibt uns weiterhin nahe und gibt sich uns im Sakrament seiner Liebe zur Speise, bis wir ihn einmal sehen dürfen, wie er ist, und wir ihm ähnlich sein werden.

Wer bereit ist, das anzunehmen, ist erlöst.
Er hat allen Grund zur Freude.

ZWEITER TEIL

DROHBOTSCHAFT?

Hat Jesus gedroht?

Die Feststellung, das Evangelium sei eine Frohbotschaft und keine Drohbotschaft, klingt so überzeugend, so richtig und so fromm, daß man es kaum wagen kann, ihr zu widersprechen. So ist dieser Ausspruch nahezu zum geflügelten Wort geworden und prägt weitgehend unsere heutige Verkündigung. Die Entgegnung, das Evangelium sei nicht nur Frohbotschaft, sondern in einigen Teilen auch Drohbotschaft, würde fast als Gotteslästerung gewertet und ist auch tatsächlich unrichtig.

Was aber ist von diesem »geflügelten Wort« wirklich zu halten?

Wer sachlich diskutieren und zur vollen Wahrheit vorstoßen will, muß als erstes klare Begriffe schaffen. Darum zunächst die Frage: Was ist eigentlich eine Drohung?

Ist es eine Drohung, wenn durch Verkehrsschilder an einer Gefahrenstrecke augenfällig auf die Gefahr hingewiesen wird? Noch nicht einmal ein Totenkopf würde an besonders gefährlichen Stellen als ungehörige Drohung gewertet. Kein vernünftiger Autofahrer würde sagen: »Drohen lasse ich mir nicht!« Zwar sprechen wir von einer »drohenden Gefahr«, doch hat »drohen« hier eine übertragene Bedeutung. Verkehrsschilder, die auf eine Gefahr aufmerksam machen, sind keine Drohschilder, sondern hilfreiche Warnschilder, die jedem vernünftigen Autofahrer sehr willkommen sind.

Weiterhin: Ist es etwa eine Drohung, wenn eine Mutter ihrem Kinde erklärt: »Diese roten Beeren sehen so verlockend aus, sind aber sehr giftig. Wenn du sie ißt, mußt du sterben.«? Selbst wenn eine Mutter sagte, »Nimm dich in acht, falls der Vater davon erfährt, dann erlebst du was«, wäre das noch keine Drohung, sondern eine Warnung. Eine Drohung läge erst vor, wenn sie sagte: »Warte, wenn du nicht brav bist, dann sage ich es dem Vater!«

Drohen kann man nur mit Strafen oder Vergeltungsakten, die man selbst ausführen oder veranlassen kann. Darum kann kein Prediger mit der Hölle, dem Fegefeuer oder anderen Strafen Gottes drohen; er kann nur davor warnen.

Sogar Jesu Worte über Gericht und Hölle sind keine Drohungen, sondern ebenfalls Warnungen; denn Jesus redet zu uns – mit ganz wenigen Ausnahmen – nicht als Richter, sondern als Retter.

Selbst in den wenigen Fällen, in denen er als zukünftiger Richter spricht, sind seine Worte nicht als Drohung, sondern ebenfalls als Warnung zu verstehen. Wieso? Nehmen wir an, ein Polizeibeamter erfährt, daß sein Sohn gern mit überhöhter Geschwindigkeit durch die Straßen rast. Um ihm ein Protokoll zu ersparen, warnt er ihn: »Mein lieber Sohn, ich habe das und das von dir gehört. Bilde dir nur nicht ein, ich könnte dir helfen, wenn wir dich erwischen! Wir könnten bei dir keine Ausnahme machen. Wir müßten dich bestrafen wie jeden anderen.« Auch das wäre keine Drohung, sondern eine Warnung; denn der Vater ist ja gezwungen, notfalls seinem Sohn ein Strafmandat zu schreiben.

Nehmen wir noch einen letzten, einen dramatischen Fall, der dem Sachverhalt am nächsten kommt: Der oberste Richter eines Kriegsgerichtes hat einen Sohn, der sich mit dem Gedanken trägt, zu desertieren. Der Vater ahnt dessen Absichten. In dieser Sorge beschwört er seinen Sohn: »Tu mir das nicht an! Wenn du gefaßt wirst, könnte ich dich nicht retten. Ich müßte dich zum Tode verurteilen, wenngleich mir das Herz dabei bräche.« Auch das wäre keine Drohung, sondern eine Warnung – eine beschwörende Warnung, gesprochen aus einem liebenden Vaterherzen.

So und nicht anders sind alle ernsten Mahnungen Jesu zu verstehen. Es sind – so schroff sie sich auch bisweilen anhören – keine Drohungen, sondern liebende Warnungen vor einem Unheil, dem Menschen durch ihre eigene schwere Schuld entgegenrennen. Gott will, »daß alle Menschen gerettet werden«[68a] und zum ewigen Glück gelangen. Aber er achtet die Freiheit eines jeden und »zwingt seine beseligende Gemeinschaft keinem Menschen gegen dessen Willen auf«.[68b] So steht jeder in völliger Freiheit vor der Wahl zwischen Leben und Tod.

Droht einem Menschen ein Unheil, dem er, *wenn er nur will*, aus dem Wege gehen kann, dann ist es weder Drohung noch Panikmache, ihn auf die Gefahr aufmerksam zu machen und notfalls eindringlich vor ihr zu warnen.

Es ist ein schweres Gebot der Liebe, dies zu tun. Eine Mutter, die verantwortungslos ihr Kind nicht auf eine drohende Gefahr hinweist, macht sich schuldig. Im Unglücksfall müßte sie ihr Versäumnis vor Gericht verantworten.

Das größte Unheil, das einem Menschen zustoßen

kann, ist der ewige Tod. Wenn es ein Gericht, eine Hölle und ein Fegefeuer gibt, dann war es unbedingt notwendig, daß Jesus als Gesandter und Sohn Gottes uns nachdrücklich davor warnte.

Solche Warnungen nehmen dem Evangelium keinesfalls den Charakter der Frohbotschaft, weil jeder sein ewiges Geschick in seinen Händen hat und jeder, der sich Sorge um das Heil anderer macht, durch sein Wort, sein Gebet und sein Opfer zu deren ewigem Glück beitragen kann.

Gefahren, die man kennt und abwenden kann, ängstigen nicht. Ein psychisch Gesunder, der auf dem rechten Weg ist, hat keine unüberwindbare existentielle Angst vor der Hölle. Sein Wissen um die eigene Schwäche und die Gefahr, deswegen das ewige Heil verfehlen zu können, versetzen ihn nicht in panische Angst, sondern führen ihn nur zur Demut und zur Wachsamkeit.

– Man spricht heute gern von ekklesiogenen Neurosen. Tatsächlich sind solche durch die schon erwähnten Fehlformen der Verkündigung heraufbeschworen worden. Ja unter Umständen könnten sie auch trotz einer evangeliengetreuen Verkündigung aufkommen. Aber sind sie dann nicht entweder Krankheitserscheinungen oder Folge eines Zwiespalts, des Zwiespalts zwischen der Angst vor Gottes Strafe einerseits und dem Beharren in einer als ernste Sünde betrachteten Fehlhaltung andererseits? –

Sicher will wohl kaum jemand mit der Feststellung, das Evangelium sei eine Frohbotschaft und keine Drohbotschaft, ernsthaft behaupten, daß Jesu Verkündigung überhaupt keine Mahnungen und Warnungen enthält. Die meisten wollen damit nur sagen, daß diese eine mehr untergeordnete Bedeutung haben, eher eine Randerscheinung in der Botschaft Jesu darstellen.

So sei denn das Evangelium daraufhin überprüft. Spricht Jesus nur gelegentlich, mehr am Rande, von den ernsten Wahrheiten – damit er das auch einmal gesagt hat –, oder stellt die Verkündigung einer ewigen Strafe einen unabdingbaren Teil seiner Botschaft dar?

Es spielt bei dieser Untersuchung keine Rolle, ob Jesus alles exakt so formuliert hat, wie es in den Evangelien steht. Es soll hier ausgeklammert bleiben, ob es sich bei dem, was sie uns als Worte des Herrn übermittelt haben, um ureigenste Worte Jesu handelt oder um Formulierungen der Evangelisten nach entsprechenden Aussprüchen Jesu oder um deren Aussagen im Sinne Jesu. Die Evangelisten standen unter der Führung des Heiligen Geistes. Deswegen sind die Evangelien in jedem Fall Offenbarung Gottes. Mit ihnen hat Gott der Kirche aller Zeiten das in die Hand gegeben, was er uns durch seinen Sohn offenbaren wollte. Wenn die Botschaft Jesu nur mit unseren heutigen tatsächlichen oder vermeintlichen Kenntnissen über die Entstehung der Evangelien verständlich wäre und nur mit ihnen richtig gedeutet werden könnte, dann hätte Gott die volle Wahrheit bis in unsere Zeit hinein der Kirche vorenthalten oder sie sogar ernsthaft getäuscht.

Ihr Schlangenbrut, wer hat euch gelehrt?

Schon bei Johannes dem Täufer nehmen aufrüttelnde Warnungen einen beachtlichen Teil – nahezu die Hälfte – seiner uns überlieferten Verkündigung ein. Er hat nicht das erwartete Paradies auf Erden verkündet und auch nicht den Himmel für alle diejenigen, die als die Frommen des Landes galten. Ganz im Gegenteil! »Ihr Schlangenbrut«, so schleuderte er den Pharisäern ins Gesicht, »wer hat euch gelehrt, daß ihr dem kommenden Gericht entrinnen könnt?... Jeder Baum, der keine guten Früchte hervorbringt, wird umgehauen und ins Feuer geworfen... Er (der nach mir kommt, d. V.) wird die Spreu vom Weizen trennen und den Weizen in seine Scheune bringen; die Spreu aber wird er im nie erlöschenden Feuer verbrennen.«[69]

Hier schon, bei Johannes dem Täufer, zeigt sich, daß Verheißung und Warnung eng miteinander verknüpft sind, beides in einem Atemzug ausgesprochen wird.

Johannes hatte nach Matthäus seine Verkündigung mit dem Aufruf begonnen: »Kehrt um, denn das Himmelreich ist nahe!«[70] Mit denselben Worten tritt nach Matthäus[71] auch Jesus an die Öffentlichkeit. Er sagt also nicht, »freut euch...«, sondern wie Johannes, »bekehrt euch...«. Markus formuliert die Antrittsworte Jesu zwar etwas anders, sie besagen aber dasselbe: »Die Zeit ist erfüllt... Kehrt um und glaubt an das Evangelium.«[72]

Ich aber sage euch

Die erste große zusammenfassende Verkündigung Jesu ist bei Matthäus in der Bergpredigt aufgezeichnet. Regierungserklärung, Grundsatzansprache des Messias oder Evangelium im Evangelium, so wird die Bergpredigt charakterisiert. Lukas bringt einen kleinen Ausschnitt aus ihr in der »Feldrede«. Beide Evangelisten beginnen mit den Seligpreisungen: »Selig, die arm sind vor Gott... Selig die Trauernden...«[73]

In der »Feldrede« schließen sich den Seligpreisungen vier Weherufe an. Verheißung und Warnung »in einem Atemzuge«!

»Aber weh euch, die ihr reich seid; denn ihr habt keinen Trost mehr zu erwarten.

Weh euch, die ihr jetzt satt seid, denn ihr werdet hungern.

Weh euch, die ihr jetzt lacht; denn ihr werdet klagen und weinen.

Weh euch, wenn euch alle Menschen loben; denn ebenso haben es eure Väter mit den falschen Propheten gemacht.«[74]

Was bekäme wohl ein Prediger zu hören, wenn er den Reichen und Satten, den Lachenden und Gefeierten mit solchen Worten ihre Freude vergällen würde?!

Doch ist das erst der Anfang unbequemer Grundsatzerklärungen des Messias.

Nach der Beteuerung Jesu an seine Jünger, daß sie das Salz der Erde und das Licht der Welt seien (Frohbotschaft), und der Mahnung, nicht zu schalem Salz zu werden, um dann *weggeworfen* und *zertreten* zu werden (Warnung), folgt bald ein Satz, der für unsere Ohren nicht sonderlich hart klingt. Für die Ohren der Zuhörer Jesu jedoch war er um so schockierender: »Wenn eure Gerechtigkeit nicht weit größer ist als die der Schriftgelehrten und Pharisäer (der religiösen Elite Israels, d. V.), *werdet ihr nicht in das Himmelreich kommen.*«[75]

Aus den Warnungen, die sich dann anschließen, spricht, wie aus vielen anderen, neben Jesu Sorge um das ewige Heil der Menschen, das Mitgefühl mit den Zerschlagenen: »Jeder, der seinem Bruder auch nur zürnt, soll dem Gerichte verfallen sein; und wer zu seinem Bruder sagt: Du Dummkopf!, soll dem Spruch des Hohen Rates verfallen sein; wer aber zu ihm sagt: Du (gottloser) Narr!, soll dem *Feuer der Hölle* verfallen sein.«[76]

– Jesus weiß, wieviel mit beleidigenden Worten in einem Menschen zerschlagen werden kann, und sieht, welche Verachtung und welcher Haß oft hinter kleinen Bemerkungen stehen. Nicht Äußerlichkeiten, halb so ernst gemeinte Schimpfworte, werden hier so unerbittlich verurteilt und gebrandmarkt, sondern vor allem verderbte innere Haltungen. –

Der Verurteilung der scheinbar so kleinen Lieblosigkeiten folgt die Mahnung zur Aussöhnung mit der Warnung: »Amen, das sage ich dir: Du kommst von dort nicht heraus, bis du den letzten Pfennig bezahlt hast.«[77]

Sie nehmen kein Ende, die aufrüttelnden Warnungen! Der Klarstellung, daß die Sünde im Herzen beginnt, daß ein Ehebruch im Grunde schon mit einem Blick begangen sein kann, folgt eine Warnung, aus der die Hauptsorge des Herrn, die Sorge um das ewige

Heil der Menschen, spricht: »Wenn dich dein rechtes Auge zum Bösen verführt, dann reiße es aus und wirf es weg! Denn es ist besser für dich, daß eines deiner Glieder verlorengeht, als daß dein ganzer Leib in die Hölle geworfen wird. Und wenn deine rechte Hand dich zum Bösen verführt, dann haue sie ab und wirf sie weg! Denn es ist besser für dich, daß eines deiner Glieder verlorengeht, als daß dein ganzer Leib in die Hölle kommt.«[78]

Matthäus erscheint gerade diese Warnung so wichtig, daß er sie noch einmal, im Zusammenhang mit dem Ärgernis und der Verführung, bringt – dort noch eindringlicher und plastischer; [79] und Markus formuliert in diesem Zusammenhang dieselbe Warnung noch nachdrücklicher. Als Schilderung der Hölle fügt er hinzu: »... wo der Wurm nicht stirbt und das Feuer nicht erlischt«[80].

Kein anderer Prediger hätte jemals von sich aus eine solche Formulierung vom Ausreißen des Auges und vom Abhauen der Hand gewagt, und wenn er es doch getan hätte, dann hätte es immer schon Stürme der Entrüstung gegeben!

Nach der Unterweisung über das Gebet (Vater unser) folgt die erneute Warnung, daß Gott keinem vergeben wird, der selbst nicht vergeben will.[81] Später, außerhalb der Bergpredigt, wird Jesus im Gleichnis vom unbarmherzigen Knecht diese Warnung nachdrücklich veranschaulichen: »Und in seinem Zorn übergab ihn der Herr den Folterknechten, bis er die ganze Schuld bezahlt habe. *Ebenso* wird mein himmlischer Vater jeden von euch behandeln, der seinem Bruder nicht von ganzem Herzen vergibt.«[82]

Ständig wechseln in der Bergpredigt aufrüttelnde

Warnungen einerseits und beglückende Verheißungen und Belehrungen andererseits.

So folgt nach der Unterweisung über Gebet und Fasten in einprägsamen Bildern die befreiende Botschaft von der Liebe und Sorge unseres Vaters im Himmel mit dem bekannten Aufruf zu Vertrauen und vertrauensvollem Gebet. Aber schon in diese vertrauenweckende, befreiende Stelle fügt der Herr eine ernste Warnung vor lieblosem Richten ein mit dem Kernsatz: »Richtet nicht, damit nicht auch ihr gerichtet werdet! Denn wie ihr richtet, werdet ihr gerichtet werden.«[83]

Darauf folgt ein Herrenwort, das jeden, der sich um sein Heil und das Heil anderer Sorge macht, »ins Mark der Seele« trifft: »Geht ein durch das *enge* Tor! Denn das Tor ist weit, das zum Verderben führt, und der Weg dahin ist breit, und viele gehen auf ihm. Aber das Tor, das zum Leben führt, ist eng, und der Weg dahin ist schmal, und nur wenige finden ihn.«[84]

Lukas fügt einem ähnlichen Ausspruch des Herrn noch hinzu: »Denn viele, sage ich euch, werden versuchen hineinzukommen, aber es wird ihnen nicht gelingen.«[85]

Erschreckt wie wir werden die Jünger zusammengefahren sein, so wie damals nach der Begegnung mit dem guten reichen jungen Mann. Alle Gebote hatte er befolgt; er wollte aber gern noch mehr für das Himmelreich tun. Nur auf seinen Reichtum mochte er nicht vollends verzichten. »Amen, das sage ich euch«, so bemerkte bekanntlich daraufhin der Herr, »ein Reicher wird nur schwer in das Himmelreich kommen. Nochmals sage ich euch: Eher geht ein Kamel durch ein Nadelöhr, als daß ein Reicher in das

Reich Gottes gelangt.«[86] Darauf die Jünger entsetzt: »Wer kann da noch gerettet werden?«[87] – »Für Menschen ist das unmöglich, für Gott aber ist alles möglich.«[88]

Wie Gott viele Reiche durch das Nadelöhr ins ewige Leben zieht, so wird er auch, wie wir hoffen dürfen, viele von den Vielen, die auf dem breiten Weg zum Verderben sind, mit seiner allmächtigen Gnade ergreifen und durch das enge Tor ins Himmelreich holen. Ist es doch sein Wille, daß »alle Menschen gerettet werden«[89], daß »keiner von diesen Kleinen verlorengeht«[90].

– Und es werden um so mehr gerettet, je mehr Menschen durch Gebet und Opfer an der Sorge Gottes um das Heil aller teilnehmen. –

Jesus war der Frage, wie viele zum Leben gelangen, immer bewußt ausgewichen mit der Mahnung, nicht den bequemen Weg zu gehen. Er will über die Zahl der Auserwählten und der Verstoßenen bewußt nichts offenbaren. Er will nur davor warnen, in freventlicher Selbsttäuschung mit Gottes Barmherzigkeit zu rechnen und so Sünde auf Sünde zu häufen; zugleich will Jesus verhüten, daß die Guten für das Heil anderer keinen Finger mehr krumm machen.

In ähnlichem Sinne folgen nun in der Bergpredigt zwei weitere Warnungen: Eine erste an die Adresse falscher Propheten (gemeint sind die Irr- und Verwirrlehrer, gemeint sind auch diejenigen, die Heil verkünden, wo Unheil droht – ein typisches Verhalten der falschen Propheten): »Hütet euch vor den falschen Propheten... An ihren Früchten werdet ihr sie erkennen... Jeder gute Baum bringt gute Früchte hervor, ein schlechter Baum aber schlechte... Jeder

Baum, der keine guten Früchte hervorbringt, wird *umgehauen und ins Feuer geworfen.*«[91]

Eine zweite Warnung geht an die Adresse unbotmäßiger Jünger: »Nicht jeder, der zu mir sagt: Herr! Herr!, wird in das Himmelreich kommen, sondern nur, wer den Willen meines Vaters im Himmel erfüllt. Viele werden an jenem Tage zu mir sagen: Herr, Herr, sind wir nicht in deinem Namen als Propheten aufgetreten und haben wir nicht... mit deinem Namen viele Wunder vollbracht? Dann werde ich ihnen antworten: Ich kenne euch nicht. Weg von mir, ihr Übertreter des Gesetzes!«[92]

Danach schließt die Bergpredigt mit der ernsten Mahnung Jesu, das Haus nicht auf Sand, sondern auf Felsen zu bauen, nicht nur seine Worte schön anzuhören, sondern sie auch zu befolgen.

»Die Menge«, so bemerkt Matthäus zum Schluß, »war sehr betroffen von seiner Lehre; denn er lehrte wie einer, der (göttliche) Vollmacht hat.«[93]

Jeder, der Jesus und sein Wort ernst nimmt, wird jetzt gleichfalls betroffen sein.

Der Verfasser versucht, bei all den Warnungen immer wieder die Frohbotschaft durchklingen zu lassen. Allerdings kann er nicht »allein mehrstimmig singen« und vermag nicht, wie bei einem Musikstück, alles in mehrstimmiger Partitur zu setzen. Der Leser aber kann und sollte beim Lesen der Warnungen all die dargelegten Inhalte der Frohbotschaft – vor allem die über die Barmherzigkeit Gottes – in Herz und Hirn mitklingen lassen.

Nach heutiger, sehr verbreiteter Ansicht haben die Hölle – falls überhaupt jemand in sie hineinkommen sollte – eigentlich nur Massen- und Völkermörder zu befürchten. Die Bergpredigt belehrt uns eines anderen.

Was Jesus im folgenden sagt, beweist noch mehr, wie verhängnisvoll es ist, die Höllengefahr zu verharmlosen, und wie verantwortungslos es ist, den Menschen die Gottesfurcht auszureden.

»Fürchtet euch nicht vor denen, die den Leib töten, die Seele aber nicht töten können, sondern fürchtet euch vor dem, der Seele und Leib ins Verderben der Hölle stürzen kann«[94], so gibt Matthäus die Warnung wieder, die Jesus speziell an seine *Jünger* richtet. Lukas leitet sie ein mit einem ausdrücklichen Appell an die Jünger. Auch seine starke Betonung der Gottesfurcht ist beachtenswert. Er schreibt: »Euch aber, meinen Freunden, sage ich: Fürchtet euch nicht vor denen, die den Leib töten, euch aber sonst nichts tun können. Ich will euch zeigen, wen ihr fürchten sollt: Fürchtet euch vor dem, der nicht nur töten kann, sondern die Macht hat, euch auch noch in die Hölle zu werfen. Ja, das sage ich euch: Ihn sollt ihr fürchten.«[95]

Zwei Hauptziele hat offensichtlich Jesu Verkündigung: erstens Liebe und Vertrauen zu Gott zu wecken und damit gegenüber falscher Menschenfurcht zu ermutigen, zweitens echte Gottesfurcht einzuprägen. Gerade hier, an dieser oben angeführten Stelle des Evangeliums, vereinen sich beide Ziele besonders eng miteinander.

Nachdem unser Herr seine Jünger zur Furcht vor Gott gemahnt hatte, will er sie nun zum Vertrauen auf seinen und unseren Vater weiterführen: »Verkauft man nicht zwei Spatzen für ein paar Pfennig? Und doch fällt keiner von ihnen zur Erde ohne den Willen eures Vaters. Bei euch aber sind sogar die Haare auf dem Kopfe alle gezählt. Fürchtet euch also nicht! Ihr seid mehr wert als viele Spatzen.«[96]

Darauf folgt erneut die so typische Verzahnung von Verheißung und Warnung: »Wer sich nun vor den Menschen zu mir bekennt, zu dem werde auch ich mich vor meinem Vater im Himmel bekennen. Wer mich aber vor den Menschen verleugnet, den werde auch ich vor meinem Vater im Himmel verleugnen... Wer das Leben gewinnen will, wird es verlieren; wer aber das Leben um meinetwillen verliert, wird es gewinnen.«[97]

Ernte und Hochzeitsmahl

»Wollen wir es hoffen! Aber es ist noch keiner wiedergekommen«, so hört man oft Kleingläubige sagen. Der Herr jedoch sagt: »Was wir wissen, davon reden wir, und was wir gesehen haben, das bezeugen wir.«[98a] Allerdings spricht Jesus nur in Bildern und Gleichnissen vom Himmelreich und dessen Gegenteil.

In einigen Himmelreich-Gleichnissen geht es jedoch nicht um das kommende Gottesreich, sondern um das Gottesreich auf Erden. Es sind dies die Gleichnisse vom Senfkorn, vom Sauerteig und in gewisser Beziehung die vom verborgenen Schatz, von der kostbaren Perle sowie vom Sämann. In ihnen haben Warnungen vor jenseitigen Strafen inhaltlich keinen Platz und sind darum dort auch nicht zu finden.

Die anderen drei Himmelreich-Gleichnisse sind transzendent, hinüberweisend. Sie sprechen zuerst von der Situation des Gottesreiches auf Erden. Dann rückt Jesus das göttliche Gericht und das Schicksal im Jenseits unverkennbar in den Blick.

Es sind die Gleichnisse vom Unkraut im Weizen, vom Fischernetz und vom königlichen Hochzeitsmahl. In allen dreien sind wiederum die Verheißung ewigen Lohnes und die Warnung vor ewiger Strafe ineinander verzahnt.

Und zwar tritt die Verheißung eines ewigen Lohnes nicht stärker hervor als die Warnung vor einer ewigen Strafe. Eher ist das Gegenteil der Fall.

Im Gleichnis vom Unkraut im Weizen mahnt Jesus zunächst seine Jünger, nicht voreilig zu urteilen, sondern die barmherzige Geduld Gottes nachzuahmen. Dann heißt es (Anweisung an die Gerichtsengel): »Sammelt zuerst das Unkraut und bindet es in Bündel, um es zu verbrennen; den Weizen aber bringt in meine Scheune.«[98b]

Hinterher erklärt der Herr den Jüngern in einer persönlichen Unterweisung[99]: »Wie nun das Unkraut aufgesammelt und im Feuer verbrannt wird, so wird es auch am Ende der Welt sein. Der Menschensohn wird seine Engel aussenden, und sie werden aus seinem Reich alle zusammenholen, die andere verführt und Gottes Gesetz übertreten haben, und werden sie in den Ofen werfen, in dem das Feuer brennt. Dort werden sie heulen und mit den Zähnen knirschen.

Dann werden die Gerechten im Reiche ihres Vaters wie die Sonne leuchten. Wer Ohren hat, der höre!«[100]

Ähnlich sagt er im Gleichnis vom Fischernetz: »Sie (die Fischer) setzten sich, lasen die guten Fische aus und legten sie in die Körbe, die schlechten aber warfen sie weg. So wird es auch am Ende der Welt sein: Die Engel werden kommen und die Bösen von den Gerechten trennen und in den Ofen werfen, in dem das Feuer brennt. Dort werden sie heulen und mit den Zähnen knirschen.«[101]

Das Gleichnis vom Hochzeitsmahl wird meist als *das* Beispiel vom ewigen Leben im ewigen Glück gewertet. Und doch sind in dieser Parabel die Warnungen besonders vorherrschend.

Wir finden in ihm keine Schilderungen des ewigen Glückes, so wie etwa beim Propheten Jesaja: »Der Herr der Heere wird auf diesem Berg für alle Völker ein Festmahl geben mit feinsten Speisen, ein Gelage mit erlesenen Weinen, mit besten und feinsten Speisen, mit besten, erlesenen Weinen.«[102]

Im ersten Teile des Gleichnisses ist die Rede von der Einladung und der Bestrafung der Geladenen, die kein Interesse am Hochzeitsmahl des Königs zeigen oder sogar aus Haß gegen ihn seine »Gästebitter« umbringen. Die Strafe dafür ist gerecht und schwer zugleich: »Da wurde der König zornig; er schickte sein Heer, ließ die Mörder töten und ihre Stadt in Schutt und Asche legen.«[103]

Der zweite Teil des Gleichnisses erzählt zuerst von der Großzügigkeit des Königs bei seiner erneuten Einladung. Alle sind willkommen: Krüppel, Lahme, Gute und Böse. Nur eins wird vorausgesetzt: Jeder Gast muß in einem Festgewand kommen. Das aber wird ihm nach damaligem Brauch an der Pforte des Hochzeitssaales notfalls geliehen. Die Forderung, mit Festgewand zu erscheinen, ist also für keinen, so arm er auch sei, eine Zumutung. Wer trotzdem ohne Hochzeitskleidung erscheint, beleidigt damit den König und verdient, deswegen bestraft zu werden.

Die Bestrafung dessen, der sich doch erdreistet, ohne Festgewand zu erscheinen, wird noch nachdrücklicher geschildert als die Bestrafung von den Mördern der »Gästebitter«. »Bindet ihm Hände und Füße«, so befahl der König schließlich, »und werft ihn hinaus in die äußerste Finsternis! Dort wird er heulen und mit den Zähnen knirschen.«[104]

Es ist bezeichnend für die gesamte Verkündigung Jesu, daß er von den Freuden des Himmels nie ausschmückend redet, die Hölle dagegen in schaurigen Bildern schildert: Ewiger Tod! Schonungslose Züchtigung! In Stücke gehauen werden! Ausgeschlossen und ausgestoßen! Gefesselt hinausgeworfen in die äußerste Finsternis! Qualvoller Durst! Heulen und Zähneknirschen! Qual ohne Ende! Ewiges Feuer! Feuerofen, wo der Wurm nicht stirbt und das Feuer nicht erlischt!

Diese Bilder könnten, falsch verstanden, einen dunklen Schatten auf unser Gottesbild werfen. Doch sagen sie nichts aus über Gott, sondern über den Zustand, dem der sich verschreibt und anheimfällt, der sich hartnäckig der Liebe dessen verschließt, der für jeden einzelnen am Kreuz gestorben ist. Das dort durchbohrte Herz litt und steht offen für jeden, auch für den größten Verbecher, wenn er umkehrt zu Gott.

Wenn nach dem Tode entweder ein ewiges Glück oder eine ewige Qual beginnt, dann gilt es, immer bereit zu sein. So mahnt denn auch der Herr in einer Vielfalt von Gleichnissen, Bildern und Prophezeiungen zur Bereitschaft, und wieder stehen hier Verheißung und Warnung untrennbar nebeneinander.

Aus dem Gleichnis von den Jungfrauen: »Die Jungfrauen, die bereit waren, gingen mit ihm in den Hochzeitssaal, und die Tür wurde geschlossen. Später kamen auch die anderen Jungfrauen und riefen: Herr, Herr, mach uns auf! Er aber antwortete ihnen: Amen, ich sage euch: Ich kenne euch nicht.«[105]

Mahnungen im Hinblick auf das Ende: »Dann wird von zwei Männern, die auf dem Felde arbeiten, einer mitgenommen und einer zurückgelassen. Und von zwei Frauen, die mit derselben Mühle mahlen, wird eine mitgenommen und eine zurückgelassen.«[106]

Aus dem Gleichnis von den Knechten: »Selig der Knecht, den der Herr damit (mit der guten Betreuung des Gesindes) beschäftigt findet, wenn er kommt. Amen, ich sage euch, er wird ihn zum Verwalter seines ganzen Vermögens machen. Wenn aber der Knecht schlecht ist und denkt: Mein Herr kommt noch lange nicht!, ... dann wird der Herr an einem Tage kommen, an dem der Knecht es nicht erwartet...; und der Herr wird ihn in Stücke hauen und ihm seinen Platz unter den Heuchlern zuweisen.

Dort wird er heulen und mit den Zähnen knirschen.«[107]

Erschütternd sind auch die Mahnungen zur Bereitschaft, die Lukas den Worten Jesu von der engen Tür anfügt: »Wenn der Herr des Hauses aufsteht und die Tür verschließt, dann steht ihr draußen und ruft: Herr, Herr, mach uns auf! Er aber wird euch antworten: Ich weiß nicht, woher ihr seid. Dann werdet ihr sagen: Wir haben doch mit dir gegessen und getrunken, und du hast auf unseren Straßen gelehrt. Er aber wird erwidern: Ich sage euch, ich weiß nicht, woher ihr seid. Weg von mir, ihr habt alle Unrecht getan!«[108]

Aus dem Gleichnis von den anvertrauten Talenten: Zu jedem der beiden eifrigen Verwalter: »Sehr gut! Du bist ein tüchtiger und treuer Diener. Du bist im Kleinen ein treuer Verwalter gewesen, ich will dir eine große Aufgabe übertragen. Komm, nimm teil an der Freude deines Herrn!«[109]

Zu dem Knecht, der das Talent vergrub: »Du bist ein schlechter und fauler Diener. Du hast gewußt, daß ich ernte, wo ich nicht gesät habe, und sammle, wo ich nicht ausgestreut habe. Hättest du mein Geld wenigstens auf die Bank gebracht!«[110] Darauf zu den anderen Dienern: »Nehmt ihm das Talent weg und gebt es dem, der die zehn Talente hat! ... Werft den nichtsnutzigen Diener hinaus in die äußerste Finsternis! Dort wird er heulen und mit den Zähnen knirschen.«[111]

Aus der Gerichtsrede: »Kommt her, die ihr von meinem Vater gesegnet seid, nehmt das Reich in Besitz, das seit der Erschaffung der Welt für euch bestimmt ist,[112] ... Weg von mir, ihr Verfluchten, in das ewige Feuer, das für den Teufel und seine Engel bestimmt ist![113] ... Und sie werden weggehen und die ewige Strafe erhalten, die Gerechten aber das ewige Leben.«[114]

Aus der Prophezeiung über das Ende der Welt:

»Die Menschen werden vor Angst vergehen in der Erwartung der Dinge, die über den Erdkreis kommen... Dann wird man den Menschensohn mit großer Macht und Herrlichkeit in einer Wolke kommen sehen. Wenn all das beginnt, dann richtet euch auf und faßt Mut, denn eure Erlösung ist nahe... Wacht und betet allezeit, damit ihr allem, was geschehen wird, entrinnen und vor den Menschensohn hintreten könnt.«[115]

Wenn ihr nicht Buße tut

Es erweckt den Eindruck großer Lieblosigkeit, wenn jemand bei einer Katastrophenmeldung sein Bedauern nicht zum Ausdruck brächte. Jesus hat auf eine solche Meldung in einer Weise reagiert, die – menschlich gesehen – unverständlich, schockierend, hart ist:

Man berichtet ihm von einem furchtbaren Blutbad, das Pilatus bei einer Opferfeier anrichten ließ. Alle warten nun auf ein Wort der Entrüstung über Pilatus oder aber auf ein Wort der Verurteilung der Opfer, die vermeintlich wegen einer geheimen Schuld von Gott so gestraft wurden. Statt dessen bekommen die Berichterstatter und alle Umstehenden nunmehr zu hören: »Ihr werdet alle genauso umkommen, wenn ihr euch nicht bekehrt!«[116] Und während der Herr vor seinen Jüngern im Anblick der Stadt Jerusalem über deren kommende Zerstörung weinte, blieb er jetzt nach außen hin hart und fuhr im gleichen Tenor fort. Er erinnert an den Einsturz des Turmes von Schiloach, bei dem achtzehn Menschen den Tod fanden, und wiederholt: »Ihr alle werdet genauso umkommen, wenn ihr euch nicht bekehrt.«[117]

Unverständlich hart klingende Worte und doch Worte der Liebe, Worte voller Sorge um das Heil des Volkes Israel und das ewige Heil aller Menschen! Da viele kein Ohr für seine Frohbotschaft haben, nur leibliche Heilung, irdisches Brot von ihm wollen und ein messianisches Schlaraffenland erwarten und suchen, bleibt dem Herrn kein anderer Weg, als unmißverständlich zu sagen, was kommen wird, wenn man sich nicht eines Besseren besinnt und ihn so annimmt, wie er vom Vater gesandt ist.

Jesus dachte hier sowohl an die Zerstörung Jerusalems als auch an den ewigen Tod. Das kann man aus dem Gleichnis schließen, das der Herr dem Mahnruf anfügte, dem Gleichnis vom unfruchtbaren Feigenbaum im Weinberg. – Es ist dies wiederum ein Gleichnis voll innerer Spannung zwischen der beglückenden Kunde über die Langmut Gottes und der ernsten Warnung, daß Gott trotz seiner Langmut kein willfähriger Schwächling ist.

Der Besitzer des Weinberges möchte einen Baum wegen seiner Unfruchtbarkeit umhauen lassen. – Gemeint sind mit dem Baum der Großteil des damaligen Volkes Israel sowie jeder Mensch, dessen Leben vor Gott unfruchtbar ist. – Der Gärtner jedoch erbittet dem Baum eine letzte Gnadenfrist. Noch ein letztes Mal will er es mit Umgraben und Düngen versuchen: »Vielleicht trägt er doch noch Früchte; *wenn nicht, dann laß ihn umhauen.*«[118]

Hat alles Reden und Mahnen keinen Erfolg, versucht man es noch einmal mit der schockierenden Bemerkung: »Was rede ich überhaupt noch, es hat doch alles keinen Zweck!« Ein letzter Versuch, durch diesen Schock doch noch Gehör zu finden.

So ähnlich sind zu deuten die verschiedenen Weherufe des Herrn:

– über die Reichen und Satten (bereits anfangs angeführt);
– über die unbußfertigen Städte Chorazin, Betsaida und Kafarnaum: »Weh dir, Chorazin! Weh dir, Betsaida!... Tyrus und Sidon wird es am Tage des Gerichtes nicht so schlimm ergehen wie euch...«[119];
– über die Pharisäer und Schriftgelehrten: »Weh euch, ihr Pharisäer und Schriftgelehrten, ihr Heuchler. Ihr verschließt den Menschen das Himmelreich. Ihr selbst geht nicht hinein; aber ihr laßt auch die nicht hinein, die hineingehen wollen!«[120]
  »Weh euch, ihr Schriftgelehrten und Pharisäer, ihr Heuchler! Ihr seid wie Gräber, die außen schön angestrichen sind. Innen aber sind sie voll Knochen, Schmutz und Verwesung.«[121]

In siebenmaligen aufrüttelnden Wehrufen wirft der Herr den Pharisäern und Schriftgelehrten all ihre unheilvollen Verkehrtheiten an den Kopf und schließt dann: »Macht nur das Maß eurer Väter voll! Ihr Nattern, ihr Schlangenbrut! Wie wollt ihr dem Strafgericht der Hölle entrinnen?«[122]

So ungeschminkt all diese Wehrufe auch sind, sie erwachsen trotzdem der Liebe unseres Herrn, die er, wie er am Kreuze gezeigt hat, auch gegen diese seine Feinde hegt. Ein endgültiges Verdammungsurteil will er mit den Wehrufen nicht gesprochen haben. Enden doch diese so hart klingenden Worte zum

Schluß mit einer frohbotschaftlichen Prophezeiung: »Und ich sage euch: Von jetzt an werdet ihr mich nicht mehr sehen, bis ihr ruft: Gesegnet sei er, der kommt im Namen des Herrn!«[123]

Die Verdammten werden nicht so rufen! So darf man diesen Schluß als Prophezeiung dafür werten, daß mancher Pharisäer sich schließlich bekehren und so zu den Geretteten gehören wird. Bekanntlich haben ja auch Pharisäer und Schriftgelehrte nach Pfingsten zum Glauben gefunden. Vielleicht hatte diese »Höllenpredigt« bei einigen von ihnen ins Herz getroffen und war ihnen nachgegangen, bis sie sich haben finden lassen.

Als ein letzter Appell an die Reichen, im Sinne der Bemerkung, es habe ja doch alles bei ihnen keinen Zweck, ist auch der Schluß des Gleichnisses vom armen Lazarus und dem reichen Prasser zu werten: »Wenn sie auf Mose und die Propheten nicht hören, werden sie sich auch nicht überzeugen lassen, wenn einer von den Toten aufersteht.«[124]

Was zuvor im Gleichnis gesagt wurde, ist wiederum Frohbotschaft und Warnung zugleich: Frohbotschaft an alle Geplagten und Geschundenen, daß Gott dereinst jede Träne von ihren Augen wischen wird; Mahnung an alle Hartherzigen, sich von »Mose und den Propheten«, von den Worten der Schrift, warnen zu lassen und sich zu bekehren.

Nach allem Leid auf Erden fand Lazarus im Jenseits Geborgenheit. Nach aller Hartherzigkeit auf Erden gelangte der Reiche in die »Unterwelt, wo er qualvolle Schmerzen litt«[125], wo es kein Erbarmen mehr geben kann. »Vater Abraham, hab Erbarmen mit mir und schick Lazarus zu mir; er soll wenigstens die Spitze seines Fingers ins Wasser tauchen und mir die Zunge kühlen, denn ich leide große Qual in diesem Feuer«[126], läßt Jesus den Verdammten sprechen. Aber die Kluft ist unüberbrückbar. Hilfe ist nicht mehr möglich.

In der Schrifterklärung einer Predigtzeitschrift heißt es zu diesen Schilderungen der Höllenqual: »Die im folgenden geschilderten Verhältnisse in der ›Unterwelt‹ sind traditionell. Der Erzähler will sie nicht bestätigen, sondern nutzt sie zur eigenen Dramaturgie des Gleichnisses. Darum ist es nicht berechtigt, von dieser Schilderung her, Ansichten über die ›letzten Dinge‹ zu folgern.«[127]

Der Verfasser dieser Erklärung will damit sicher nicht die Existenz der Hölle schlechthin leugnen. Nur scheint er es zu bestreiten, daß das Gleichnis etwas über sie aussagen will.

Zu Beginn seiner Erklärung sagt er: »Das ganze Kapitel 16 des Lk-Evg zielt auf die soziale Konsequenz aus der Botschaft Jesu.«[128]

Gewiß! Es zielt aber genauso darauf hin, unbarmherzige Reiche vor den jenseitigen Konsequenzen zu warnen, die sich aus ihrer Lieblosigkeit für sie einstens ergeben werden. Vor dem oben behandelten Gleichnis steht nämlich das Gleichnis vom klugen, beziehungsweise ungerechten Verwalter. Es schließt mit der eindringlichen Mahnung: »Macht euch Freunde mit Hilfe des ungerechten Mammons, damit ihr in die ewigen Wohnungen aufgenommen werdet... Wenn ihr im Umgang mit dem ungerechten Reichtum nicht zuverlässig gewesen seid, wer wird euch dann das wahre Gut anvertrauen? Und wenn ihr im Umgang mit dem fremden Gut nicht zuverlässig gewesen seid, wer wird euch dann euer (wahres) Eigentum geben?«[129]

Beide Gleichnisse sind also transzendent. Beide wollen sehr wohl etwas über »die letzten Dinge« sagen. Daß Gleichnisse und alle Aussagen über das Jenseits nur bildhaft sind, versteht sich von selbst. Gott kann uns überirdische Dinge nur in irdischen Bildern mitteilen. Und daß Jesus die Bilder von den »Verhältnissen in der ›Unterwelt‹«[130] *zum Teil* der damaligen orientalischen Vorstellungswelt entnimmt, schmälert nicht den Wahrheitsgehalt seiner Worte. In unangemessener Weise hat sich Jesus nie von damaligen Vorstellungen abhängig gezeigt.

Da sich Jesus zudem sehr häufig furchterregender Gleichnisse bedient, ist es nicht nur berechtigt, sondern geboten, aus ihnen »Ansichten über ›die letzten Dinge‹ zu folgern«[131].

Wer den erschütternden Ernst der Parabeln in Frage stellt, stellt letztlich Jesus selbst gewollt oder ungewollt in Frage. »Entweder war Jesus ein Wahnsinniger oder ein Verbrecher«, so wurde über ihn geurteilt, »denn der ganzen Welt eine solche Höllenangst einzujagen, ist entweder Wahnsinn oder Verbrechen.«

Eine dritte Möglichkeit, die einzig zutreffende, wurde hier außer acht gelassen: Jesus ist der Gesandte und der Sohn Gottes. Deswegen sind seine Worte über die Hölle – mit all den erschreckenden Bildern – Worte der Wahrheit und der Liebe.

Manche greifen nach einer vierten Möglichkeit. Sie sagen, die Höllenschilderungen stammten wohl nicht von Jesus selbst. Jedenfalls erwüchsen sie der Vorstellungswelt frühjüdischer Apokalyptik.[132a]

Jesus mag, wie schon erwähnt, nicht alles so formuliert haben und es mögen, wie ebenfalls zugestanden, manche Bilder, sei es nun von Jesus persönlich oder von den Evangelisten im Sinne Jesu, der frühjüdischen Vorstellungswelt über die Hölle entnommen sein; aber trotzdem ist inhaltlich alles zu nehmen, wie es uns die Evangelisten berichten. Sie entwerfen kein falsches Jesusbild und entstellen Jesu Botschaft nicht.

Aus den so häufigen und so eindringlichen Worten Jesu und der Evangelisten über die »Verhältnisse in der ›Unterwelt‹«[132b] können und müssen wir den Schluß ziehen: Jesus verkündet die reale Möglichkeit ewiger Verwerfung, die ewige Qual bedeutet.

Letzte Worte Jesu

Die letzten Worte eines lieben Menschen, das Testament, wahren wir wie ein Kleinod als wertvolles Vermächtnis, so auch die letzten Worte Jesu. Eigentlich müßten zu diesen nicht nur seine Worte am Kreuz, sondern auch die auf dem Kreuzweg gezählt werden: »Ihr Frauen von Jerusalem, weint nicht über mich; weint über euch und eure Kinder! Denn es kommen Tage, da wird man sagen: Wohl den Frauen, die unfruchtbar sind, die nicht geboren und nicht gestillt haben. Dann wird man zu den Bergen sagen: Fallt auf uns!, und zu den Hügeln: Deckt uns zu! Denn wenn das mit dem grünen Holz geschieht, was wird dann mit dem dürren werden?«[133]

Viele vertreten die Ansicht, Jesus habe bei dieser Mahnung nur an das kommende Leid bei der Zerstörung Jerusalems gedacht. Das aber wird dem Inhalt dieser seiner Worte nicht gerecht.

Alle Kenner der Heiligen Schrift wissen, daß in biblischen Prophezeiungen oft *zwei* Ereignisse in *einem* Bilde oder in *einer* Aussage vorausgesagt werden. Oft liegen diese beiden Ereignisse zeitlich weit auseinander. Wenn eine Prophezeiung sich erst teilweise erfüllt hat, dann liegt in ihr noch etwas verborgen, was nach ihrer letzten Erfüllung ruft. Besonders bei Verheißungen des messianischen Reiches finden wir öfters eine Doppelbedeutung. Sie sprechen vom Anbruch und von der Vollendung des messianischen Reiches in *einem* Bild. Auch die Prophezeiungen Jesu über den Untergang Jerusalems einerseits und das Ende der Welt andererseits gehen mehr oder weniger ineinander über.

Ähnlich ist es, wie der Autor meint und begründen wird, mit der Prophezeiung, die Jesus auf seinem Kreuzweg an die weinenden Frauen richtet.

Zunächst freilich bezieht sie sich auf die Zerstörung Jerusalems. Die Prophezeiung »... da wird man sagen: Wohl den Frauen, die unfruchtbar sind«[134], paßt nur in diesen Zusammenhang. Nicht hinein paßt in den Zusammenhang mit dem Untergang Jerusalems die Warnung: »Wenn das am grünen Holz geschieht, was wird dann erst mit dem dürren werden?«[135] Hier ist offensichtlich die Rede von einem drohenden Unheil, das ungleich größer ist als eine Kreuzigung. Mit ihm kann nur die ewige Verdammnis gemeint sein, ebenso mit dem Satz: »Dann wird man zu den Bergen sagen: Fallt auf uns!, und zu den

Hügeln: Deckt uns zu!«[136] Im Zusammenhang mit der Zerstörung Jerusalems hat nämlich dieser Satz wenig Sinn. Jener Aufschrei ist der Ausdruck höchster Scham und größter Angst vor einem furchtbaren Gericht. So finden wir ihn denn auch in diesem Zusammenhang in der Offenbarung des Johannes (Geheime Offenbarung): »Und die Könige der Erde, die Großen und die Heerführer, die Reichen und die Mächtigen, alle Sklaven und alle Freien verbargen sich in den Höhlen und Felsen der Berge. Sie sagten zu den Bergen und Felsen: Fallt auf uns und verbergt uns vor dem Blick dessen, der auf dem Thron sitzt, und vor dem Zorn des Lammes; denn der große Tag ihres Zornes ist gekommen. Wer kann da bestehen?«[137] (Weiteres unter Anmerkung 138.)

Wer auf dem Wege zu einem so furchtbaren Tod derartige Worte sagt, der muß sie bitter ernst meinen und der muß von einer abgrundtiefen Sorge und Liebe erfaßt sein. Darum ist es gewiß nicht im Sinne unseres gekreuzigten Erlösers, diese und andere Worte ernster Warnung auszuhöhlen.

Die sogenannten »letzten Worte Jesu«, die Worte vor seinem Kreuzestod, waren indes nicht seine letzten. Seine wirklich letzten waren die nach seiner Auferstehung vor seiner Himmelfahrt. Zu ihnen gehört die verheißende und zugleich warnende Botschaft: »Wer glaubt und sich taufen läßt, wird gerettet; wer aber nicht glaubt, wird verdammt werden.«[139a]

Die abstrichlose Verkündigung dieser Doppelbotschaft, dieses Nebeneinander von beglückender Verheißung und ernster Warnung, ist der *letzte Auftrag*, das letzte Vermächtnis unseres Herrn.

– Abschließend sei ergänzend bemerkt, daß Gott von jedem Menschen nur die Glaubensantwort verlangt, die der verliehenen Glaubensgnade entspricht. Das heißt: Für Gott gilt jeder, der nach seiner Gewissensüberzeugung lebt – sei er nun Jude, Muslim oder Buddhist – als Glaubender. Zum Ungläubigen wird ein Mensch erst, wenn er sich gegen angebotene Glaubensgnaden sperrt.[139b]

Anders gesagt, dasselbe gemeint

»Nun, das ist die Apokalyptik der Synoptiker[140] (Matthäus, Markus, Lukas), von denen Matthäus besonders gern droht. Johannes kennt diese Sprache nicht«, so hörte der Verfasser Leute sagen, denen die Verkündigung der ernsten Wahrheiten nicht ins Konzept paßt.

Wo der Verfasser Matthäus zitiert, hat er nach Möglichkeit auf Parallelstellen der beiden anderen Synoptiker Markus und Lukas verwiesen und an verschiedenen Stellen aufgezeigt, daß diese noch härter formulieren als Matthäus.

Und das Johannesevangelium? Es hat zwar einen anderen Tenor, ist aber kein Kontrastevangelium. Es steht keineswegs im Gegensatz zu den übrigen Evangelien, sondern ergänzt und vertieft sie.

So greift das Johannesevangelium gerade die Worte des Herrn auf, die heute so unpopulär sind und dem modernen Menschen so unannehmbar erscheinen: »Wer glaubt und sich taufen läßt, wird gerettet; wer aber nicht glaubt, wird verdammt werden.«[141]

Johannes formuliert diese Worte wohl etwas anders, zieht sie aber in seiner Ausdrucksweise durch sein ganzes Evangelium.

Bereits im zweiten Teil dieser Schrift wurde festgestellt, daß im Johannesevangelium das Nachtgespräch Jesu mit Nikodemus die Lehrtätigkeit des Herrn einleitet. Es wurde ebenso aufgezeigt, daß dieses Gespräch das theologische Fundament des ganzen Johannesevangeliums ist. Es spielt in ihm dieselbe entscheidende Rolle wie die Bergpredigt im Matthäusevangelium.

Im Nikodemusgespräch werden die unerläßlichen Voraussetzungen für den Eintritt in das Reich Gottes dargelegt. Genannt werden zwei Dinge: der Glaube und die Taufe.

Die letzte Botschaft Jesu bei Markus, »Wer glaubt und sich taufen läßt, wird gerettet; wer aber nicht glaubt, wird verdammt werden«,[142] ist also die erste Botschaft Jesu bei Johannes: »Wenn jemand nicht aus Wasser und Geist geboren wird, kann er nicht in das Reich Gottes kommen.[143] ... Wer an ihn (den Sohn Gottes) glaubt, wird nicht gerichtet; wer nicht glaubt, ist schon gerichtet, weil er an den Namen des einzigen Sohnes Gottes nicht geglaubt hat.«[144]

Um die unerläßliche Notwendigkeit des Glaubens noch einmal herauszustellen, bringt der Evangelist im anschließenden Bericht über Johannes den Täufer nahezu dieselben Worte aus dessen Mund: »Wer an den Sohn glaubt, hat das ewige Leben; wer aber dem Sohn nicht gehorcht, wird das Leben nicht sehen, sondern Gottes Zorn bleibt auf ihm.«[145]

Bald danach, im fünften Kapitel, aus dem Munde Jesu wieder ähnliche Worte!: »Amen, ich sage euch: Wer mein Wort hört und dem glaubt, der mich gesandt hat, hat das ewige Leben; er kommt nicht ins Gericht, sondern ist vom Tode ins Leben hinübergegangen... Wundert euch nicht darüber! Die Stunde kommt, in der alle, die in den Gräbern sind, seine Stimme hören und herauskommen werden: Die das Gute getan haben, werden zum Leben auferstehen; die das Böse getan haben, zum Gericht!«[146]

Das Johannesevangelium spricht zwar nicht wie die anderen Evangelien von Verdammung, Hölle, ewigem Feuer usw., es ist aber dasselbe gemeint, wenn hier vom »ewigen Tode«, vom »Gericht«, vom »Zorn Gottes«, vom Verbrennen der verdorrten Reben die Rede ist. Ebenso denkt Johannes an diese Inhalte, wenn er – wie im folgenden Text – vom Sterben in der Sünde spricht: »Ich habe euch gesagt: Ihr werdet in euren Sünden sterben; denn wenn ihr nicht glaubt, daß ich es bin, werdet ihr in euren Sünden sterben.«[147]

Wie Jesus gleich zu *Beginn* seiner Lehrtätigkeit Nikodemus erklärte, »Wer an ihn (den Sohn Gottes) glaubt, wird nicht gerichtet, wer nicht glaubt, ist schon gerichtet«[148], so ruft er ganz zum *Abschluß* seiner Lehrtätigkeit, kurz vor seinem Leiden, den Juden zu: »Ich bin das Licht, das in die Welt gekommen ist, damit jeder, der an mich glaubt, nicht in der Finsternis bleibt. Wer meine Worte nur hört und sie nicht befolgt, den richte nicht ich; denn ich bin nicht gekommen, um die Welt zu richten, sondern um sie zu retten. Wer mich verachtet und mein Wort nicht annimmt, der hat schon seinen Richter: Das Wort, das ich gesprochen habe, wird ihn *richten am letzten Tage.*«[149]

Auch hier, bei Johannes, immer dieses Miteinander, diese Verzahnung von Verheißung und Warnung, so wie bei den anderen Evangelisten!

Selbst in den Abschiedsreden des Herrn, beim letzten Abendmahl, fehlt diese Doppelbotschaft nicht: »Ich bin der Weinstock, ihr seid die Rebzweige. Wer in mir bleibt und in wem ich bleibe, der bringt reiche Frucht... Wer nicht in mir bleibt, wird wie die Rebe weggeworfen und er verdorrt. Man sammelt die Reben, *wirft sie ins Feuer, und sie verbrennen.*«[150]

Außer diesen angeführten Stellen, wo ausdrücklich gesagt ist, daß jeder, der nicht an ihn glaubt und nicht mit ihm in Verbindung bleibt, dem »Gerichte verfällt«, »im Tode bleibt«, dem »Zorn Gottes ausgeliefert ist«, »verbrannt wird«, gibt es noch eine Reihe von Aussagen Jesu, bei denen er betont verkündet, daß der Glaube es ist, der zum Leben führt. Aus dem jeweiligen Zusammenhang ist inhaltlich immer mitgesagt: »Wer nicht glaubt, ist schon gerichtet.«[151]

Schon im Prolog, in der Einleitung des Evangeliums, finden wir andeutend diese Aussage: »Er kam in sein Eigentum, aber die Seinen nahmen ihn nicht auf (weil sie an ihn nicht glauben wollten, d. V.). Allen aber, die ihn aufnahmen (durch ihren Glauben, d. V.), gab er Macht, Kinder Gottes zu werden« (den anderen nicht, d. V.).[152]

So wie im Prolog, am Anfang des Evangeliums, indirekt gesagt ist, daß nur der Glaubende zur Kindschaft Gottes, also zur Gemeinschaft mit Gott, gelangt, so wird auch gegen Ende des Evangeliums noch einmal hervorgehoben, daß der Glaube es ist, der zur Seligkeit führt: »Weil du mich gesehen hast, glaubst du. Selig, die nicht sehen und doch glauben.«[153]

So hat also Johannes die Botschaft, die der Herr vor seiner Himmelfahrt der Kirche anvertraute, vom Anfang des Evangeliums bis zum Schluß als leitenden Gedanken hindurchgezogen.

Aus der Verkündigung der Urkirche

Paulus steht als Gefangener vor dem Statthalter Felix und dessen Gemahlin Drusilla, einer Jüdin. Beide interessieren sich für nähere Einzelheiten des Glaubens an »Christus Jesus«. Aufgeschlossen hört Felix zu – solange die Verkündigung des Paulus frohbotschaftlichen Charakter hatte. »Als aber die Rede auf Gerechtigkeit, Enthaltsamkeit und das bevorstehende Gericht kam, erschrak Felix und unterbrach ihn: Für jetzt kannst du gehen; wenn ich Zeit finde, werde ich dich wieder rufen.«[154]

Wie in den Evangelien, die bekanntlich ein Niederschlag der Verkündigung der Urkirche sind, so werden auch hier – bei Paulus – beide Seiten gezeigt. Selbst in dieser Situation – Paulus, ein Gefangener; der Hörer, ein heidnischer Statthalter; erstes Lehrgespräch mit ihm! – bleibt Paulus nicht bei der Verkündigung der »schönen« Wahrheiten stehen, sondern fügt sogleich die »weniger schönen« an.

Dieser Mut zur ungeschminkten Wahrheit – ob gelegen oder ungelegen – ist bezeichnend für die gesamte Verkündigung der Urkirche. Billigen Bauernfang hat sie nie betrieben. Immer und überall, in jeder Situation, hat sie am Doppelcharakter des Evangeliums festgehalten: beglückende Verheißungen einerseits und unbequeme Forderungen sowie aufschreckende Wahrheiten andererseits. (Auch letztere nehmen dem Evangelium nicht den Charakter der Frohbotschaft; denn auch sie zielen auf das Heil der Menschen.)

Da schreibt *Paulus* an die *Römer* vom Tage des Gerichtes als dem »Tag des Zornes«[155] und verkündet ihnen die teils so helle, teils so dunkle Lehre von der Vorherbestimmung: Die einen seien »bestimmt, an Wesen und Gestalt des Sohnes Gottes teilzuhaben«[156]; die anderen, die »Gefäße des Zornes«[157], seien »zur Vernichtung bestimmt«[158], nachdem Gott der Herr sie hier auf Erden »*mit großer Langmut ertragen*«[159] hat.

Die *Epheser* beschwört *Paulus*: »Das sollt ihr wissen: Kein unzüchtiger, schamloser oder habgieriger Mensch – das heißt kein Götzendiener – erhält Erbteil im Reich Christi und Gottes.«[160]

Die Warnungen des *Hebräerbriefes* klingen noch härter als die Warnungen Jesu an seine Freunde. Dieser Brief entfaltet systematisch die Theologie der Urkirche und ist deswegen von besonderem Gewicht. Er schreibt von einem »furchtbaren Gericht«[161], von einem »wütenden Feuer, das die Gegner verzehren wird«[162]. Ja, er wagt sogar die Worte: »Es ist furchtbar, in die Hände des lebendigen Gottes zu fallen.«[163]

Im *ersten Petrusbrief* wird wiederum die Spannung zwischen Frohbotschaft und aufrüttelnder Mahnung in zwei sich folgenden Sätzen deutlich:

»Werft alle eure Sorgen auf ihn (den Herrn), denn er kümmert sich um euch.

Seid nüchtern und wachsam! Euer Widersacher, der Teufel, geht wie ein brüllender Löwe umher und sucht, wen er verschlingen kann.«[164]

Wie der Herr seine Jünger zum Vertrauen auf den Vater im Himmel mahnt und zugleich davor warnt, sich in sorgloser Heilsgewißheit zu wiegen, so versucht auch Petrus seinen Hörern und Lesern diese Doppelhaltung zu vermitteln.

Ein ähnliches Spannungsfeld besteht auch in folgenden Versen des *zweiten Petrusbriefes*: »Gott hat die Engel, die gesündigt haben, nicht verschont... Er hat die frühere Welt nicht verschont, nur Noach, den Verkünder der Gerechtigkeit... Auch die Städte Sodom und Gomorrha hat er eingeäschert... Den gerechten Lot aber, der unter dem ausschweifenden Leben der Gottesverächter litt, hat er gerettet... Der Herr kann die *Frommen* aus der Prüfung retten; bei den *Ungerechten* aber kann er warten, um sie am Tage des Gerichtes zu bestrafen, besonders die, die sich von der schmutzigen Begierde ihres Körpers beherrschen lassen und die Macht des Herrn verachten.«[165]

Diese Stelle wird den Menschen unserer sexualisierten Welt besonders schockieren. Ein heilsamer Schock! Andererseits ist zu bedenken, daß jeder nur nach seinem Wissen und Gewissen gerichtet wird.

Im *1. Johannesbrief* steht eine Stelle, die als eine der Kurzfassungen des Evangeliums gewertet werden könnte. Auch sie zeigt die beiden Seiten christlichen Glaubens auf:

»Wir wissen, daß wir aus dem Tode in das Leben hinübergegangen sind, weil wir die Brüder lieben. Wer nicht liebt, bleibt im Tode. Jeder, der seinen Bruder haßt, ist ein Mörder, und ihr wißt: Kein Mörder hat ewiges Leben, das in ihm bleibt (ist also vom ewigen Leben ausgeschlossen, d. V.).

Daran haben wir die Liebe erkannt, daß er sein Leben für uns hingegeben hat. So müssen auch wir für die Brüder das Leben hingeben.«[166]

Am mächtigsten zeigt sich uns die Spannung zwischen Frohbotschaft und Warnung in der *Offenbarung des Johannes* (Geheime Offenbarung). Mancher möchte sie heute am liebsten wegschweigen. Aber sie ist, ob man sie mag oder nicht, Wort Gottes und gehört zur Frohbotschaft des Neuen Testamentes.

Dieses *letzte* Buch der Heiligen Schrift ist mehr noch als alle anderen voller Gegensätze: voller Anerkennung und voller Tadel, voller Verheißungen und voller Strafandrohungen.

Es schildert das Glück des ewigen Lebens so eindrucksvoll wie sonst kein anderes Buch der Heiligen Schrift. Es spricht von einer großartigen himmlischen Liturgie; von dem neuen Jerusalem als einer Stadt aus reinem Gold und den kostbarsten Edelsteinen; von der Zeit, wo Gott jede Träne wegwischen wird aus den Augen der Auserwählten; wo sie mit Gott auf ewig herrschen. Mehrfach wird gerade diese letztgenannte Verheißung in verschiedenen Formulierungen und Bildern verkündet: »Wer siegt, ... dem werde ich Macht über die Völker geben.«[167] – »Wer siegt, der darf mit mir auf meinem Thron sitzen.«[168] – »Du hast sie für unsern Gott zu Königen und Priestern gemacht, und sie werden auf der Erde herrschen.«[169] – »Der Herr, ihr Gott, wird über ihnen leuchten, und sie werden herrschen in alle Ewigkeit.«[170]

Noch plastischer wird der Erdenkampf zwischen Gut und Böse geschildert. Und ebenso bildreich werden die härtesten Strafgerichte Gottes in Zeit und Ewigkeit angedroht.

Bereits im *ersten* Buch der Heiligen Schrift, gleich am Anfang, im Bericht über die Erschaffung des Menschen und seinen Sündenfall, kommt die Doppelbotschaft der heiligen Schriften erstmals zum Ausdruck: Übereignung des Paradieses mit seinen Früchten und Freuden einerseits – andererseits Warnung vor der Todesstrafe, falls das auferlegte Gebot nicht gehalten wird.

Adam und Eva schlagen die Warnung in den Wind. Die Strafe folgt. Aber schon bevor sie erfolgt, verheißt Gott den Erlöser.

Die Spannung von Verheißung und Erfüllung, Warnung, Strafe und erneuter Zuwendung Gottes zieht sich nun durch nahezu alle Schriften des Alten Testamentes und wird durchgehalten bis in die letzten Schriften des Neuen Testamentes. – Gott bleibt sich treu in seiner Methode, in der Methode der Liebe: Er will die Menschen ansprechen, ins Herz treffen und an sich ziehen, um sie zu heilen und zu heiligen. –

Im letzten Buch der Heiligen Schrift ballt sich alles, was an Verheißungen und Warnungen von Gott gegeben wurde, noch einmal in dramatischen Prophetien zusammen, um sich dann im letzten Kapitel der Heiligen Schrift in abschließender Prophetie zu entladen: in der Verkündigung der baldigen Wiederkunft des Herrn mit der ewigen Belohnung der einen und der ewigen Bestrafung der anderen:

»Siehe, ich komme bald, und mit mir bringe ich den Lohn, und ich werde jedem geben, was seinen Werken entspricht.

Ich bin das Alpha und das Omega, der Erste und der Letzte, der Anfang und das Ende.

Selig, wer sein Gewand wäscht: Er hat Anteil am

Baume des Lebens, er wird durch die Tore in die Stadt eintreten können.

Draußen bleiben die ›Hunde‹ und die Zauberer, die Unzüchtigen und die Mörder, die Götzendiener und jeder, der die Lüge liebt und tut...

Der Geist und die Braut aber sagen: Komm!

Wer hört, der rufe: Komm! Wer durstig ist, der komme. Wer will, empfange umsonst das Wasser des Lebens. ...

Er, der dies bezeugt, spricht: Ja, ich komme bald. – Amen. Komm, Herr Jesus!

Die Gnade des Herrn Jesus sei mit allen!«[171]

Die Kirche hat die ernsten Botschaften unseres Herrn bis in unser Jahrhundert hinein ungeschmälert weitergegeben. Auch in ihrem Beten legte sie von ihnen Zeugnis ab. Unmittelbar vor der heiligen Wandlung ließ sie den Priester, wie jetzt noch im ersten Hochgebet, sprechen: »Rette uns vor dem ewigen Verderben.« Und ein Gebet des Priesters vor der heiligen Kommunion heißt: »Herr Jesus Christus, der Empfang deines Leibes und Blutes bringe mir nicht Gericht und Verdammnis, sondern Segen und Heil.« Zwei solche Gebete an den Höhepunkten der Eucharistiefeier!

Liebe und Furcht – verträgt sich das?

»Anfang der Weisheit ist die Gottesfurcht, den Glaubenden ist sie angeboren.«[172] »Die Gottesfurcht ist ein Lebensquell, um den Schlingen des Todes zu entgehen.«[173 a] Diese und ähnliche Sprichwörter – insgesamt sind es siebzehn – rühmen im Alten Testament die Gottesfurcht. Auch Jesus prägt sie – wie aufgezeigt – eindringlich den Aposteln, seinen Jüngern und seinen Freunden ein. Zwar ist mit der Furcht vor Gott nicht zuletzt auch die Ehrfurcht vor ihm, der Gehorsam gegen ihn und das Vertrauen wie die Liebe zu ihm mitgemeint. Aber »die Furcht um das eigene Heil ... im Blick auf die unergründliche Gerechtigkeit Gottes gehört ... als weiteres Moment zum vollen Begriff der Gottesfurcht«.[173b]

Doch schreibt nicht Johannes in seinem ersten Brief etwas anderes? Lesen wir da nicht die Worte: »Furcht gibt es in der Liebe nicht, sondern die vollkommene Liebe vertreibt die Furcht. Denn die Furcht rechnet mit Strafe, und wer sich fürchtet, dessen Liebe ist nicht vollendet«?[174a]

Jede Stelle der Heiligen Schrift ist immer im Sinne der ganzen Offenbarung zu deuten. Darum kann diese eine Stelle nicht die vielen anderen außer Kraft setzen, die direkt oder indirekt zur Gottesfurcht aufrufen.

Die erwähnte Stelle spricht von der *vollkommenen* Liebe. Wer aber besitzt sie schon? Nur die großen Heiligen, und genaugenommen auch diese nicht; denn auch sie gelangen erst im Tod zur letzten Vollkommenheit. Bis dahin bedeckt dieser oder jener kleine Schatten auch ihre Liebe. Vor allem tragen auch sie bis zu ihrem Hinscheiden den Schatz der Liebe in »zerbrechlichen Gefäßen«[174b].

Die heilige Theresia von Avila, diese große Lehrmeisterin des geistlichen Lebens, rät deswegen selbst heiligmäßigen Mystikern, in Stunden der Versuchung *über die Hölle betrachtend* nachzudenken.

Um wieviel mehr brauchen dann die vielen unzähligen Menschen, deren Gottesliebe »auf Sparflamme« brennt, in der Stunde der Versuchung das Motiv einer heilsamen Furcht.

Mit dem Motiv der Gottesliebe allein kommen – infolge unserer erbsündlichen Belastung – die wenigsten Menschen in Situationen und Zeiten schwerer Versuchung aus – am wenigsten die Menschen mit groben Charakterschwächen. Man kann einem, der zu Gewaltverbrechen neigt, nur schwerlich mit der Mahnung Halt bieten, daß dies und das Gott kränke.

Je kleiner die Liebe und je größer die Versuchung, um so mehr muß die Furcht einen zusätzlichen Halt zur Liebe geben. Ohne jede Liebe freilich tragen und stützen selbst die furchterregendsten Wahrheiten nicht; denn ohne Liebe kann der Glaube seine tragende Kraft nicht entfalten.[174c]

Guten Menschen kommt es oft nicht zum Bewußtsein, wie stark auch sie unterbewußt von irgendeiner Form der Gottesfurcht getragen werden – infolge ihrer christlichen Erziehung und mehr noch infolge dieser so bezeichneten Gabe des Heiligen Geistes.

Wenn eine »reizende« böse Tat wirklich keinerlei üble Folgen nach sich ziehen würde – auch keinen Verlust an Zuwendung göttlicher Liebe –, wer würde sie meiden? Nur wenige Menschen gibt es, die das Gute *nur* des Guten wegen tun und das Böse *nur* des Bösen wegen meiden. Eine oft unbewußte, dem Gewissen eingeprägte Furcht gibt das notwendige »Rückgrat« in der Stunde der Versuchung. Fehlt dieses Rückgrat, sackt der durch die Erbsünde verwundete Mensch zusammen, wenn ihn die Leidenschaften bedrängen.

Unbestreitbare Lebenserfahrung lehrt: Kleinkindererziehung ohne »Zeigefinger«, Schule ohne den Ansporn durch Zeugnisse, Verkehrsordnung ohne Überwachung und Bußgeldandrohung, Staatsordnung ohne Strafrecht sind utopische, *wirklichkeitsfremde* Ideale.

Ohne Strafandrohungen keine Ordnung im Leben der Menschen! Ja mehr noch: Jeder neigt dazu, alles, was nicht bestraft wird, als rechtens anzusehen. Warum wird christlicherseits darauf bestanden, daß Abtreibung strafbar bleibt?

Das Böse muß dem Bösen in seinen üblen Auswirkungen spürbar werden. Er muß wissen, daß seine Bosheit eines Tages auf ihn zurückschlagen könnte.

Da dies aber auf Erden bei weitem nicht immer eintritt, sondern im Gegenteil allzu oft die Guten die »Bestraften« zu sein scheinen, wollte Gott es den Menschen wissen lassen, daß spätestens im kommenden Leben den Bösen die bösen Folgen seiner Bosheit erreichen werden.

Hätte Jesu Botschaft nicht auf diese Konsequenzen verwiesen, hätte dann wohl das Christentum das sittliche Niveau der Menschheit gehoben?

Wenn sich heute das Leben der Christen wieder immer mehr dem der Nichtchristen angleicht – ja zum Teil noch unter deren Niveau zurücksinkt –, ob das nicht unter anderem daran liegt, daß ernste Wahrheiten der Heiligen Schrift nicht mehr angemessen verkündet werden?

Die rechte Furcht vor Gott hemmt das Böse, und mehr noch, sie beflügelt das Gute. Die rechte Furcht vor Gott geht nämlich immer zusammen mit der Liebe zu ihm.

Wenn im ersten Johannesbrief steht, »Furcht gibt es in der Liebe nicht, sondern die vollkommene Liebe vertreibt die Furcht«,[175], dann muß das im Zusammenhang des ganzen Textes gesehen werden. Der Satz zuvor heißt nämlich: »Darin ist unter uns die Liebe vollendet, daß wir am Tage des Gerichtes Zuversicht haben.«[176] Das heißt, wer in der Liebe vollendet ist, hat keine Furcht vor dem Kommen des Herrn, sondern sehnt es herbei. Bis dahin jedoch, bis der Herr da ist, lebt gerade der Heilige immer in der Furcht, daß er durch Untreue den Herrn kränken und so sein Wohlgefallen schmälern oder sogar verscherzen könnte.

Diese Art der Furcht schadet der Liebe nicht, sondern läßt sie wachsen. Wenn in einem jungen Mann die Liebe zu einer jungen Frau erwacht, bangt er um ihre Liebe. Dieses Bangen, diese Furcht, sie nicht gewinnen zu können, lähmt aber nicht seine Zuneigung, sondern beflügelt sie. Er wird durch diese Furcht liebevoller. Er reißt sich zusammen und überlegt, wie er seiner Geliebten gefallen kann. Hat er ihre Liebe gewonnen, bangt er weiter. Er hat Angst, seine Freundin wieder verlieren zu können, und wiederum spornt ihn das an, sich von der besten Seite zu zeigen.

Der jungen Frau geht es, wenn die Liebe in ihr erwacht ist, ähnlich. So wächst in beiden die Zuneigung zueinander durch die Furcht, den anderen zu verlieren.

Solange dieses Bangen um den anderen lebendig ist, bleibt auch die Liebe lebendig. Ist einem aber die Liebe des anderen zu selbstverständlich und gesichert geworden, könnte sie leicht in Gefahr geraten und dahinschwinden.

Gott, der die Herzen kennt, weiß um diese Veranlagung des Menschen. Deswegen läßt er alle, die er in besonderer Weise an sich ziehen möchte, bis zum Ende ihres Lebens in dieser Furcht leben: in der Furcht, daß sie in der Liebe zu ihm erlahmen und dadurch seine Liebe mehr oder weniger verscherzen könnten.

Gott nährt gerade in seinen Heiligen diese Art der Gottesfurcht. Er gibt es ihnen immer wieder äußerst schmerzlich zu spüren, wenn ihm etwas an ihnen mißfällt. Das hält die Gottesfurcht in ihnen lebendig, macht sie wachsam und spornt sie immer mehr zu Taten der Liebe an. So wächst auch bei den größten Heiligen die Liebe durch die Gottesfurcht.

Ohne Gottesfurcht wird keinem das Leben gut gelingen. Jeder hat sie notwendig. Nur hat sie bei jedem ein anderes Gesicht.

Gute Erzieher wissen, daß jedes Kind anders »angepackt« werden muß. Bei dem einen Kind genügt die Furcht vor einem enttäuschten Blick. Beim anderen fruchtet dieser nicht; es braucht die Furcht vor Schimpfe und Schelte. Beim dritten reicht auch diese nicht aus. Nur die Furcht vor spürbarer Strafe kann es vom Bösen abschrecken.

Ähnlich hat auch die Gottesfurcht bei jedem Menschen ein anderes Gesicht. Ja, bei jedem einzelnen wird sie sich in verschiedenen Situationen mit einem verschiedenen Gesicht zeigen müssen. Viele kann – bisweilen wenigstens – nur die Hölle abschrecken. Anderen gibt die Furcht vor Gottes irdischen Strafen die Kraft, dem Bösen zu widerstehen. Religiös hochstehende Menschen bangen davor, Gott zu mißfallen oder von ihrem Ideal abzufallen oder anderen ein schlechtes Beispiel zu geben. All das sind Formen teils unbewußter Gottesfurcht.

»Streben wir«, schreibt Paulus an die Korinther, »in Gottes*furcht* nach *vollkommener Heiligung.*«[177]

Der Gott der Liebe – ein Gott der Vergeltung?

Viele sind heute der Meinung, das Bild eines strafenden Gottes sei unvereinbar mit dem Gottesbilde Jesu.

»Können wir in Gott noch so ohne weiteres den strafenden und vergeltenden Herrn der Geschichte sehen? Können wir Strafe und Vergeltung überhaupt noch mit unserem – von Jesus Christus geprägten – Gottesbild in Einklang bringen?«[178 a], so fragt der Verfasser eines Predigtentwurfes und gibt unter anderem zur Antwort: »Wer sein eigenes Leben und das Leben seiner Mitmenschen im Egoismus erdrückt und erstickt, der zerstört sich selbst. Gott wird sich an ihm nicht rächen, etwa indem er ihn dem Höllenmeer ausliefert; der Gott Jesu Christi ist kein Rachegott. Aber er wird auch ein Leben selbstverschuldeter Ausweglosigkeit ernst nehmen, denn er will nicht dem gelebten Sinn eines Lebens entgegenhandeln.«[178 b]

Es entspricht den Worten Jesu, daß sich letztlich jeder, der nicht glaubt oder nicht nach dem Glauben lebt, selbst richtet. Er schließt sich selbst aus dem ewigen Leben aus. Gott nimmt niemanden gegen seinen Willen in seine Gemeinschaft auf. Ja, Gott kann keinen von denen, welche die Erde verdorben haben, in den Himmel aufnehmen, sofern sie sich nicht von ihrer eigenen Verdorbenheit bekehrt und ihre Schuld bereut haben.

Denn nach Eintritt des Todes ist jeder für ewig festgelegt. »Es kommt die Nacht, in der niemand mehr wirken kann«[179], mahnt der Herr. Das heißt: Nach seinem Tode kann sich niemand mehr durch eigenes Mühen ändern. Entweder ist er nach seinem Hinscheiden unmittelbar zur totalen Liebeshingabe an Gott und seine Freunde fähig oder kann zu ihr durch Läuterungsleiden befähigt werden, oder aber er ist so festgelegt in seinem Egoismus und seiner Ablehnung Gottes, daß er zur Liebeshingabe an ihn und seine Freunde für immer unfähig bleibt.

Damit hat er sich selbst aus der Liebe dessen ausgeschlossen, nach dem sein Herz voll leidenschaftlicher Haßliebe verlangt. Auf ihn hin ist er erschaffen, und nun muß er von ihm das Wort hören: »Weg von mir, du Verfluchter!« Weg von allen Guten und Liebenswürdigen, weg in das Reich der Menschen- und Gottesverächter, weg in das Reich des Hasses aller gegen alle. Ohne echte Liebe hast du gelebt, ohne Liebe bist du gestorben. Ohne Liebe wirst du deswegen ewig bleiben. Du hast dich selbstherrlich gegen meine Liebe verschlossen. Du hast dich nicht zur Umkehr rufen lassen. Du hast dich geweigert, von mir erlöst zu werden und meine Liebe anzunehmen. Deshalb wirst du ewig ohne Liebe bleiben und kannst an meiner Herrlichkeit nicht teilnehmen.

Der ewige Ausschluß aus der Liebe Gottes und der Liebe aller Guten ist das »Höllenmeer«, von dem keiner vor Christus so häufig, so eindringlich und so plastisch gesprochen hat wie er. Die Qual, die mit diesem Ausschluß verbunden ist, übersteigt genauso unser Begreifen wie die Freude, die aus der Lebensgemeinschaft mit Gott erwächst. Aber nicht Gott ist es letztlich, der in dieses Höllenmeer hineinstößt. Letztlich ist es der Mensch, der sich selbst hineingestürzt hat. Gott mußte die Hölle nicht erst schaffen. Sie ist die Konsequenz der Gottesferne, die der Verdammte *bewußt und qualvoll erleben muß.*

Weil Gott den Verdammten dieses bewußt qualvolle Erleben nicht erspart, bekommt die Hölle zugleich den Charakter der Strafe.

Auch das Fegefeuer und das Unheil auf Erden sind in erster Linie zwangsläufige Folgen menschlicher Fehlhaltungen. Da Gott solche Konsequenzen sich auswirken läßt, sind auch diese als Strafen Gottes zu werten.

Wer sagt, Gott würde nicht strafen, rüttelt an vielen klaren Aussagen der Heiligen Schrift.

Gottes Strafen sind jedoch keine Racheakte. Gott kennt keine Rachegefühle. »Sollte ich denn Wohlgefallen am Tode des Gottlosen haben«, so läßt er durch den Propheten Ezechiel verkünden, »und nicht vielmehr daran, daß er umkehrt und lebt?«[180] Zum Schluß dieser Prophetie fügt Gott noch einmal nachdrücklich hinzu: »Ich habe doch keinen Gefallen am Tode dessen, der sterben muß... Kehrt um, damit ihr am Leben bleibt.«[181] Gott straft nur, weil seine Gerechtigkeit es fordert.

Er will das Heil aller Menschen und ringt um jeden einzelnen.

Ein ergreifendes Beispiel für dieses Werben Gottes selbst um die Herzen derjenigen, die sich offen gegen ihn auflehnen und ihn offen bekämpfen, bezeugt uns Nietzsche in folgenden Enthüllungen seines Herzens: »All meine Tränen laufen zu dir den Lauf, und meine Herzensflamme, dir glüht sie auf! O komm zurück, mein unbekannter Gott, mein Schmerz, mein letztes Glück.«[182] – »Sein bin ich, ob ich in der Frevler Rotte auch bis zur Stunde bin geblieben; sein bin ich – ich fühl die Schlingen, die mich im Kampfe niederziehen und, mag ich fliehen, mich doch zu seinem Dienste zwingen. Ich will dich kennen, Unbekannter, du tief um meine Seele Greifender, mein Leben wie ein Sturm Durchschweifender, du Unfaßbarer, mir Verwandter! Ich will dich kennen, selbst dir dienen!«[183]

Wenn Nietzsche sich wenigstens in der Stunde des Todes schließlich doch noch für Gott entschieden hat, dann wurde er trotz all seines vormaligen Kampfes gegen Gott und die Kirche in den Himmel aufgenommen. Tat er es nicht, starb er in der Ablehnung Gottes, trifft ihn der Ausschluß aus dem Reich und aus der Liebe Gottes als zwingende Konsequenz eines verfehlten Lebens und zugleich als gerechte Strafe.

Nietzsche starb in geistiger Umnachtung ohne äußeres Zeichen der Reue. Was sich während seiner letzten zurechenbaren Augenblicke und beim Sterben in seinem Herzen abgespielt hat, ist uns verborgen.

Der Verfasser ist der festen Überzeugung, daß Gott gerade für die Todesstunde den *Guten* wie den *Schwachen*, den *Heiligen* wie *denen auf der Schattenseite des Lebens* ganz besondere Gnaden bereithält, vor allem auch *den Verirrten, für die gebetet wird.* Darum hält er es für außerordentlich heilswirkend, aus diesem Vertrauen auf Gottes besondere Gnade in der Todesstunde das Leben zu leben und mit diesem Vertrauen in den Tod zu gehen. Dann wird der letzte Augenblick des Lebens mit Gewißheit zur Stunde der größten Gnade des Lebens werden. Gott wird in ihr das vollenden, was er im Leben des Sterbenden begonnen hat.

Andererseits ist zu befürchten, daß der Tod zur Stunde des Gerichtes für jene Menschen werden könnte, die immer wieder die Gnade Gottes in den Wind geschlagen, die das Liebeswerben Gottes mit Kälte und Taubheit beantwortet haben.

Wenn jemand auf das Konto der Barmherzigkeit Gottes Sünde auf Sünde häuft, dann könnte es ihm passieren, daß der Menschensohn ihn gerade zu einer Stunde vor sein Gericht ruft, wo er nicht vorbereitet ist.

Vom Leben und Sterben des Kirchenhassers Voltaire ist folgendes bekannt.

– Um Mißverständnissen vorzubeugen, zunächst eine Vorbemerkung: Wir wissen zum Glück von keinem einzigen Menschen mit Sicherheit, daß er von Gott verworfen wurde. Die Kirche hat viele heiliggesprochen und damit, erleuchtet durch den Heiligen Geist, unfehlbar erklärt, daß diese zum ewigen Leben gelangt sind. »Verdammtgesprochen« hat die Kirche aber keinen einzigen. So ist der folgende Bericht auch nicht als Verdammungsurteil zu verstehen. Aber das Schicksal Voltaires *deutet* doch *an*, daß Gott nicht »mit sich scherzen läßt« und man sich Gottes Gnade, auch die eines guten Todes sehr wohl verscherzen könnte. –

»Ich habe es satt, daß 12 Männer genügten, um die katholische Kirche zu gründen! Ich will den Beweis erbringen, daß ein einziger ausreicht, um sie zu vernichten. In zwanzig Jahren wird der Galiläer erledigt sein« [184], so schrieb Voltaire am 30. Mai 1758 an einen seiner Freunde. Zwanzig Jahre später, genau auf den Tag, am 30. Mai 1778, mußte Voltaire von der Bühne des Lebens abtreten.

Im Februar 1778, also nahezu 20 Jahre nach jenem gotteslästerlichen Ausspruch, zog Voltaire wie ein Triumphator in Paris ein. Am Abend dieses seines triumphalen Einzuges überfiel ihn ein heftiges Fieber, das ihn an den Rand des Grabes brachte. Höllenängste überkamen ihn. Er rief nach einem Priester, widerrief vor ihm und vor Zeugen seine Irrtümer und Lästerungen und erhielt daraufhin die Lossprechung. – Welch eine Gnade für einen solchen Menschen! Wie aber zeigte er sich dafür dankbar?

Als er wieder genas, vergaß er alle Reue und alle Höllenängste und begann von neuem, Christus und seine Kirche zu schmähen. Nicht nur das! Auch über seinen Widerruf, seine Bekehrung machte er sich vor seinen Freunden lustig. Er erklärte, sein Widerruf wäre lediglich die Ausgeburt einer verminderten Zurechnungsfähigkeit gewesen, bedingt durch seine Krankheit.

Ungefähr drei Monate darauf, im Mai 1778, erlitt er einen schweren Krankheitsrückfall. Wieder verlangte er nach einem Priester; aber seine Freunde sorgten diesmal dafür, daß keiner kam.

So starb Voltaire am 20. Jahrestag seiner überheblichen Christuslästerung in tiefster Verzweiflung, voll furchtbarer Angst vor Gottes Gericht. Er schrie zum Himmel um Gnade; aber schon im nächsten Augenblick fluchte er Gott, da ihm das Sakrament der Lossprechung nicht gewährt wurde. Abwechselnd Gott um Gnade anflehend und Gott fluchend, ging er dem unbestechlichen Richter entgegen.

Wie das Urteil Gottes ausgefallen ist, es sei noch einmal gesagt, wissen wir freilich nicht.

Gott ringt um jeden einzelnen Menschen, so verkommen er auch sein mag. Aber der Mensch kann auch die Gnade verscherzen. Je öfter und hartnäckiger ein Mensch den Ruf Gottes überhört, um so schwerhöriger wird er für Gottes Stimme. Schließlich kann es so weit kommen, daß er sie kaum noch hört, Gottes Werben nicht mehr wahrnimmt. Verstockung!

Aber auch dann darf die Hoffnung nicht aufgegeben werden, daß Gott in seiner unbegreiflichen Barmherzigkeit und Weisheit immer noch Wege zum Heil für ihn weiß, Wege, die uns verborgen bleiben.

In aufrüttelnden und zugleich überaus tröstlichen Worten kündet der Prophet Jesaja: »Suchet den Herrn, solange er sich finden läßt, ruft ihn an, solange er nahe ist. Der Ruchlose soll seinen Weg verlassen, der Frevler seine Pläne. Er kehre um zum Herrn, damit er Erbarmen hat mit ihm, und zu unserm Gott; denn er ist groß im Verzeihen. Meine Gedanken sind nicht eure Gedanken, und eure Wege sind nicht meine Wege – Spruch des Herrn. So hoch der Himmel über der Erde ist, so hoch erhaben sind meine Wege über eure Wege und meine Gedanken über eure Gedanken.«[185]

– Die unergründliche Barmherzigkeit Gottes, der eigentliche Sinn der uns so vertrauten Worte! –

Der unfaßbarste Weg Gottes zur Tilgung menschlicher Schuld war der Weg des Sohnes Gottes von Getsemani nach Golgota.

Auch das Leben der Heiligen, ihre Gebete, Opfer und Leiden sind Wege Gottes zum Heile der Menschen. Der heilige Paulus wagt es zu schreiben: »Jetzt freue ich mich in den Leiden, die ich für euch ertrage. Für den Leib Christi, die Kirche, *ergänze* ich in meinem irdischen Leben das, *was an den Leiden Christi noch fehlt.*«[186]

Wie Christus durch sein Leiden und Sterben die Sünde der Welt getilgt und für alle Heil erwirkt hat, so ähnlich haben die Heiligen, so ähnlich kann und soll jeder Christ kraft seiner Einheit mit Christus am Heil anderer mitwirken. Gott hat nicht nur seinen Erstgeborenen, sondern alle seine Söhne und Töchter bestellt, für andere Weg des Heils zu werden.

Es entspricht nicht den Wegen Gottes und ist darum auch keine echte Liebe, die Hölle wegzureden oder wegzuschweigen. Wahre Liebe, echtes Eingehen auf die Wege Gottes ist es, für möglichst viele die Hölle wegzubeten, wegzuopfern und wegzuleiden.

»Meine Brüder«, so schließt Jakobus seinen Brief, »wenn einer bei euch von der Wahrheit abirrt und jemand ihn zur Umkehr bewegt, dann sollt ihr wissen: Wer einen Sünder, der auf Irrwegen ist, zur Umkehr bewegt, der rettet ihn vor dem Tode und deckt viele Sünden zu.«[187] Mehr als Worte vermögen oft Gebet und Opfer und geduldiges Leiden.

Aus der »Geschichte einer Seele«, der Selbstbiographie der heiligen Theresia von Lisieux – genannt die »kleine heilige Theresia« –, wissen wir folgendes: Als sie noch ein Kind war, ging durch die Presse der Bericht über einen berüchtigten Gewaltverbrecher, der einige Morde auf dem Gewissen hatte. Er war nun zum Tode verurteilt worden und stand vor der Hinrichtung. Priesterlichen Beistand lehnte er ab. Die kleine Theresia fing an, für ihn zu beten und für ihn einige kleine Opfer zu bringen. – Kleine Opfer, nicht gewaltige Bußwerke, kennzeichnen auch das spätere geistliche Leben dieser Heiligen. – Zugleich bat sie Gott um ein Zeichen dafür, daß ihre Gebete erhört und ihre Opfer angenommen seien. Gott gewährte ihr das Erbetene. Am Tag nach der Hinrichtung las sie in der Zeitung, der Verbrecher habe sich, als er am Fallbeil angelangt war, plötzlich zum Priester, der ihn mit einem Kreuz begleitet hatte, umgedreht, das Kreuz ergriffen und es geküßt. Das Gebet und die kleinen Opfer eines Kindes hatten einem bisher unbußfertigen Verbrecher den Himmel erschlossen.

Die Heiligen haben ausnahmslos, ähnlich wie Christus, um das Heil der anderen gelitten und haben gerade aus dem Glauben an die Hölle einerseits und an den Wert des Sühneleidens andererseits besondere Opferkraft geschöpft.

Die heilige Theresia von Avila – die sogenannte »große heilige Theresia« – schreibt von der Sorge heiliger Mystiker um das Heil der Menschen: »Auf irgendeine Weise geht das Leid der Seele (von Mystikern) vielleicht von dem sehr großen Leid aus, zu sehen, daß Gott in dieser Welt beleidigt wird, und von dem sehr großen Schmerz über viele Seelen, die verlorengehen... Denn obwohl sie (die Seele, d. V.) sieht, daß das Erbarmen Gottes groß ist, daß man, so schlecht man auch leben mag, sich bessern und erlöst werden kann, fürchtet sie, daß viele verdammt werden.«[188] Dieser Schmerz dringe bis ins »Innerste des Herzens«[189] und scheine das Herz zu »zerstückeln und zu zermalmen«[190]. – Seelenleiden, die Gott heiligen Menschen zumutet, um andere zu retten!

Seelsorge muß wieder ähnliche Sorge um das Heil der Menschen werden. Jeder Christ ist aufgerufen, »Seelsorger« zu sein, an der Sorge Christi teilzunehmen.

Die Schlange aber sprach

Hat nun das geflügelte Wort »Das Evangelium ist eine Frohbotschaft und keine Drohbotschaft« seine Richtigkeit? Wenn man es richtig versteht, ja. Aber wie alle Welt es deutet, ist es ein Schlagwort, ein Schlagwort schlimmster Art. Begriffe werden verdreht; raffiniert wird etwas behauptet, dem man nicht mit ein, zwei Worten widersprechen kann, ohne dem Ansehen des Evangeliums und der Ehre Gottes zu schaden.

Weil dieses Schlagwort aber so überzeugend klingt, sind viele, die es vorbringen, auch fest von seiner Richtigkeit überzeugt. Sie meinen es mit ihm gut, vielleicht sogar sehr gut und glauben, der Ehre Gottes mit ihm zu dienen. Nur einen Fehler machen sie: Sie lassen sich zu unkritisch von der Woge unseres Zeitgeistes tragen.

Unser Zeitgeist verbietet es, von der Hölle zu sprechen. Ja mehr noch, in ihm hat der Glaube an eine Hölle überhaupt keinen Platz. Ein solcher Glaube paßt nicht in sein Konzept. Wenn es wirklich eine Hölle gibt, dann ist manches aus unserem heutigen Lebensstil zu streichen und manches zu tun, wozu mancher keine Lust hat. Darum sitzt unserem Zeitgeist der Glaube an die Hölle wie ein Dorn im Fleisch.

So versucht dieser Geist, die Boten des Gotteswortes zu hindern, die ernsten Mahnungen zu verkünden. An Gottes Boten kommt der Ungeist aber nur heran, wenn er sich als Engel des Lichtes gibt. Als solcher versteht er sich gut zu geben, denn er war es einstens gewesen. »Jesus hat nur Frohmachendes verkündet«, weiß er listig zu erklären, »und ihr, ihr macht aus seiner Frohbotschaft eine Drohbotschaft!«

Bei dieser Behauptung kommt ihm der Ungeist vergangener Zeiten zu Hilfe, der Ungeist, von dem anfangs die Rede war, dieser Ungeist, der aus Gott einen Buhmann gemacht hatte. Er sagte zwar ganz das Gegenteil, wollte aber doch genau dasselbe: die Menschen Gott abspenstig machen – durch Gottes Boten! Dieser Ungeist vergangener Zeitepochen wollte nicht nur dasselbe wie der Ungeist unserer Zeit; er war auch eben derselbe.

Immer versteht er es, sich zeit- und situationsgemäß zu verhalten, und immer versucht er mit listigen Lügen und Halbwahrheiten, dem Worte Gottes zu widersprechen oder es zu verdrehen. Es stört ihn nicht, wenn er sich selbst dabei ständig widerspricht. Er, »der Geist, der stets verneint«, er, der Widersacher Gottes, der Feind des Menschengeschlechtes seit Paradieses Zeiten, er, der »Lügner von Anbeginn«!

Wort Gottes *zu Beginn* der Menschheitsgeschichte: »Von allen Früchten des Gartens darfst du essen (Frohbotschaft); nur vom Baume der Erkenntnis des Guten und des Bösen sollst du nicht essen. Denn sobald du davon ißt, bist du dem Tode verfallen (liebende Warnung).«[191]

Worte des Ungeistes *damals*:

»Keineswegs werdet ihr sterben. Vielmehr weiß Gott, daß euch die Augen aufgehen werden, sobald ihr davon eßt, und daß ihr wie Gott werdet.«[192] – Listige Halbwahrheit! Ihnen gingen tatsächlich die Augen auf.

Wort Gottes *im Zenit der Zeiten*: »Wer glaubt und sich taufen läßt, wird gerettet (Frohbotschaft), wer aber nicht glaubt, wird verdammt werden (besorgte Warnung).«[193]

Im *Heute* unserer Zeit könnte das Wort der Schlange etwa so lauten: »Keineswegs werdet ihr verdammt werden. Gott ist unendlich gut. Zugegeben, es gibt eine Hölle; aber – sie ist leer. Und, soweit ich Gott kenne, wird sie auch weiterhin leer bleiben.«

Und dann, dann setzt die Schlange eine äußerst vorwurfsvolle Miene auf, und mit zornig bebender Stimme kommt es von ihrer zwiespältigen Zunge: »Nun macht mir nicht wieder aus der Frohbotschaft eine Drohbotschaft, schändet uns nicht das Bild unseres guten Gottes und ekelt nicht die letzten Jugendlichen aus euren Kirchen hinaus!«

Nicht die *rechte*, die verantwortungsbewußte Verkündigung der Warnungen Gottes ist schuld daran, wenn jemand Gott und der Kirche entfremdet wird. Den Kontakt mit Gott und der Kirche verliert ein Mensch durch das Schwinden des Glaubens und durch die Mißachtung des Willens Gottes. Wer aber dem Menschen die Furcht vor Gott ausredet, der nimmt ihm auch den Halt in der Versuchung. So macht er sich mitschuldig an dessen Sünde und dessen schließlichem Bruch mit Gott und der Kirche. Nicht die Warnungen Gottes – sofern sie in Güte und Liebe und im Bewußtsein der eigenen Schwäche und der eigenen Gefährdung verkündet werden – führen zur Abkehr von Gott und der Kirche, sondern die Verkürzung und Halbierung, die Verfälschung und Verwässerung der Botschaft Jesu.

Die Verkündigung darf weder so noch so halbiert werden – weder gemäß dem Ungeist einer vergangenen Epoche, noch gemäß dem Ungeist unserer Zeit. Sie muß sich in jeder Beziehung an der Verkündigung unseres Herrn und Meisters orientieren. Sie muß Frohbotschaft sein und bleiben. Sie muß aber auch getragen sein von tiefer Sorge um das Heil der Menschen. Aus dieser Sorge heraus muß sie auch den Mut zum ernsten, warnenden Wort schöpfen. Gerade auch eine solche Sorge wird dann viele Menschen froh machen und zur echten Freude führen.

Das Schweigen über die ernsten Wahrheiten führt allzuleicht zur Heilssorglosigkeit, von dort zur Heilsfahrlässigkeit, schließlich zur Heilsgleichgültigkeit und zum furchtbaren Schluß zur Heilsverachtung (den Himmel überlassen wir den Spatzen). Und bei vielen Guten führt dieses Schweigen zu mangelnder Einsatz-, Opfer- und Gebetsbereitschaft für Heilsgefährdete. »Gott ist gut und allmächtig; er wird schon selbst mit diesen Leutchen fertig werden«, so redet man es sich ein und spart sich die eigene Mühe.

DRITTER TEIL

VERKÜNDIGUNG HEUTE

Vorfragen

Wie nun entspricht unsere heutige Verkündigung der Verkündigung Jesu? Kehren unsere Predigten und religiösen Unterweisungen das Eigentliche der Frohbotschaft heraus, oder stellen sie die Botschaft Jesu vielleicht auf den Kopf? Das Hauptgewicht der Verkündigung Jesu lag, wie aus all den vielen Schriftstellen des vorigen Kapitels hervorgeht, auf dem Jenseitigen. Wo liegt es in der religiösen Unterweisung unserer Zeit? Ist unserer Verkündigung die Erde wichtiger als der Himmel, der Mensch wichtiger als Gott? Und glaubt etwa dieser oder jener Diener des Herrn, besser zu wissen als sein Herr und Meister, was dem Menschen not tut, was ihm »hier unten« und »dort oben« zum Heile dient? Ist mancher vielleicht der Meinung, richtiger beurteilen zu können, was der Herr gemeint und gewollt hat, als die ersten Zeugen seines Wirkens und Redens, als diejenigen also, welche »die ganze Zeit mit ihm zusammen waren«[194]? Hat unsere heutige religiöse Unterweisung den Mut, die ernsten Wahrheiten unverkürzt und unverfälscht zu übermitteln?

Besonders auf diese letzte Frage soll im folgenden eingegangen werden.

Unsere Glaubensverkündigung erfolgt bei verschiedensten Gelegen- und Begebenheiten und in den verschiedensten Lebensbereichen, besonders in der Familie, in der Schule, in der Presse und schwerpunktmäßig vor allem im Gottesdienst.

Hier sei nur – in aufgelockerter Form – etwas aus der Glaubensunterweisung im Religionsunterricht und in der Sonntagspredigt berichtet. Beide sollen möglichst allumfassend sein; deshalb können sie – zumindest in bezug auf praktische Tendenzen – als stellvertretend für die gesamte Verkündigung gewertet werden.

Aus der Sonntagspredigt

Ein vollgültiges Urteil über die sonntägliche Predigtverkündigung zu geben, ist freilich aus verständlichen Gründen nicht möglich. Doch bieten die *Predigtzeitschriften* einen ungefähren Einblick in das, was heute auf unseren »Kanzeln« gesagt und was nicht gesagt wird.

Allerdings werden wohl die Predigtvorschläge dieser Zeitschriften der Verkündigung Jesu im Durchschnitt eher besser denn schlechter entsprechen als die durchschnittliche Sonntagspredigt.

Denn: Erstens stellen die Mitarbeiter dieser Zeitschriften eine gewisse Elite der Prediger dar. Zweitens sehen sich die Verfasser der Predigtvorlagen mehr als andere gezwungen, genauer auf das einzugehen, was die Sonntagslesungen vorlegen, während ein Pfarrseelsorger bei all den vielen sonstigen Verpflichtungen immer versucht ist, irgendein Thema zu wählen, das ihm liegt. Drittens lassen sich die furchterregenden Wahrheiten leichter zu Papier als »an den Mann« bringen.

Ich habe zunächst aus den Sonntagsevangelien der drei Lesejahre alle Evangelien herausgesucht, in denen Wahrheiten und Mahnungen verkündet werden, die sich vor allem auf die letzten Dinge der Welt und des Menschen beziehen. Einunddreißig Texte mit ernsten Botschaften des Herrn habe ich aus den Sonntagsevangelien ausgewählt. Sodann habe ich aus vier Predigtzeitschriften[195] insgesamt etwa sechshundert Predigtvorschläge zu diesen Evangelien durchgesehen. Sie stammen von verschiedenen Verfassern – auch von Frauen – und bieten damit einen relativ repräsentativen Einblick in unsere heutige Verkündigung.

Zunächst ein zusammenfassendes Urteil:

Eine *Minderzahl* der Entwürfe steht weniger unter dem Einfluß des Schlagwortes: »Das Evangelium ist eine Frohbotschaft und keine Drohbotschaft«. Drei dieser Entwürfe sagen sogar allzu kühn von dem jeweiligen Evangelium: »Ja, das ist eine Drohbotschaft!«

Besonders Predigten zu den Evangelien von der Wiederkunft des Herrn mahnen in ernster Weise zur Bereitschaft und verweisen auf die Rechenschaft, die jeder einstens zu geben hat. Sie warnen vor einem »zu spät« und sprechen von der verschlossenen Tür, vom verfehlten Leben, von der für immer verpaßten Lebens-Chance.

Eine weitere Gruppe wagt nur zaghaft gelegentlich einzelne ernsthafte Worte oder führt die warnende Stelle des Evangeliums an, ohne jedoch auf sie einzugehen. Manche von ihnen sichern sich dabei ängstlich gegen den Vorwurf ab, Drohbotschaft zu predigen. Die *größere Anzahl* der Predigtentwürfe aber geht den ernsten Mahnungen des Herrn ganz aus dem Wege.

In eingehender Weise befaßt sich *keine* einzige Predigtvorlage mit der Wahrheit einer ewigen Strafe. Auch die erstgenannte Gruppe geht nicht näher auf sie ein, sondern setzt den Glauben an die Wahrheit eines endzeitlichen Gerichtes und der Existenz einer Hölle einfach voraus.

– Dieser Glaube ist jedoch selbst bei vielen Kirchgängern nicht mehr vorhanden. Nach einer repräsentativen Umfrage[196] glauben nur noch 46 von hundert Katholiken an die Auferstehung der Toten. Noch weniger, nur 43 von hundert Katholiken, bekennen sich zu dem Glaubenssatz, daß Jesus wiederkommen wird, »zu richten die Lebenden und die Toten«. Die Frage, ob man daran glaubt, daß dieses Gericht für manch einen die Hölle, den ewigen Ausschluß aus der Gemeinschaft mit Gott bedeuten könnte, ist nicht gestellt worden. Die Antwort darauf wäre wohl noch negativer ausgefallen. –

In einer Predigtvorlage, die widerstrebend auf eine ernste Mahnung Jesu eingeht, schreibt ihr Verfasser in sehr sympathischer Offenheit: »Gelegentlich – vielleicht zuwenig – habe ich mir die Frage gestellt: ›Worüber predige ich eigentlich und worüber nicht? Was kommt in meiner Verkündigung vor? Was fehlt? Worauf lege ich den Finger? Und was lasse ich aus?...‹ Über die enge Tür beispielsweise, von der heute das Evangelium spricht, habe ich, wenn ich es recht sehe, noch nie gepredigt. Warum?

Daß der Zugang zum Herrn schwer sein soll und daß das Reich Gottes manchem verschlossen bleibt – das widerstrebt mir ehrlich gestanden. Ich möchte lieber einen anderen Gott verkünden: Den lieben Gott, der für alle offen ist, der es keinem überschwer macht (das tut Gott auch nicht, d. V.), von dem ich kein ›weg von mir‹ hören muß; der vielmehr seine Hände ausbreitet und sagt: ›Kommt alle zu mir‹.«[197a]

Dieser Verfasser gesteht ein, daß er in der Vergangenheit das furchtbare »Weg von mir!« nicht zu verkünden wagte. Wie er gehen viele Prediger solchen Wahrheiten wohl aus einer gewissen Liebe zu Gott, zur Kirche und zum Menschen aus dem Wege. Solche Liebe ist jedoch eine irregeleitete. Eine Gottes-, Kirchen- und Nächstenliebe, die sich nicht an der Verkündigung Jesu orientiert und ernste Wahrheiten wegretuschiert, kann weder Gott, noch der Kirche, noch dem Menschen dienen.

Nach dieser zusammenfassenden Beurteilung einige konkretere Ausführungen über Entwürfe zu den Gleichnissen vom Unkraut im Weizen[197b], vom Fischernetz[197c] und vom verborgenen Schatz[197d]:

Zum Gleichnis vom Unkraut im Weizen: Es ist transzendent, grenzüberweisend. Es geht von der Situation der Kirche aus, wo Gute und Böse nebeneinander leben. Der Schwer- und Zielpunkt des Gleichnisses liegt unverkennbar auf dem Endgericht.

Jetzt müsse das Unkraut noch ertragen werden, da es kaum vom Weizen zu unterscheiden ist. In Palästina gibt es nämlich ein Unkraut namens Taumellolch, das zunächst fast wie Weizen aussieht. Erst in reiferem Zustand tritt der Unterschied klar zutage. Deswegen empfiehlt es sich, mit dem Ausmerzen des Unkrautes bis zur Ernte zu warten. Dann jedoch wird geschieden. Dann ist Schluß mit der Geduld, die Gott der Saat des bösen Feindes gewährt hatte. Schluß ist auch mit dem Schaden, den sie dem Weizen zufügte.

Sie wird im Feuer vernichtet. Die gute Saat dagegen holt Gott ein in seine Scheunen.

Das Gleichnis hat also eine doppelte Thematik: erstens, Mahnung an die Jünger Jesu zur Geduld; zweitens, das Ende der Geduld Gottes, am Tage des Gerichtes. Jetzt läßt Gott voller Geduld alles wachsen und sich entwickeln. Dann werden die Bösen dem Gericht verfallen, die Guten werden ewigen Lohn empfangen. Prägnant ausgedrückt sagt das Gleichnis: »Habt Geduld, die Abrechnung wie die Belohnung kommen!«

Dieser Sinn des Gleichnisses ist für jeden unvoreingenommenen Leser oder Hörer offenkundig. Der endzeitliche Charakter des Gleichnisses wird in der Erklärung«[99], die der Herr anschließend den Jüngern erteilt, noch eindeutiger herausgestellt. Anschaulicher und nachdrücklicher noch ist dort auch von der Bestrafung der Bösen die Rede.

Wie nun wird das Gleichnis in den Predigtentwürfen behandelt?

Zwanzig von ihnen hat der Verfasser durchgesehen. Hiervon nimmt kein einziger das Endgericht mit der Belohnung der Guten und der Bestrafung der Bösen, der Pointe des Gleichnisses, zum *Hauptthema*. Kein einziger *entfaltet* die Botschaft Jesu vom endzeitlichen Gericht mit seinem erschreckenden und seinem beglückenden Inhalt.

Drei der zwanzig Entwürfe gehen allerdings im Rahmen *ihres* Themas etwas genauer darauf ein.

Ein erster dieser Entwürfe wählt als Thema »Gottes Geduld, unser Glück«. Nachdem sein Verfasser schon einmal das Wort des Herrn vom Verbrennen des Unkrautes angeführt hat, schreibt er: »Jeder von uns hat die beglückende Möglichkeit, für Gottes Aussaat guter Boden zu sein. Jeder von uns hat die furchtbare Möglichkeit, sich vor Gott zu verschließen und zu verhärten, um dann als Unkraut gebündelt ins Feuer geworfen zu werden.«[198]

In einem zweiten Entwurf – »Geduld« –, der auch dem Sinn des Gleichnisses *annähernd* gerecht wird, heißt es: »Erst bei der Ernte ist das Gericht, wo der gute Weizen eingesammelt und das Unkraut, zu Büscheln gebündelt, verbrannt wird... Erst im Gericht wird streng verfahren. Das Unkraut wird herausgelesen und verbrannt. Jetzt gilt es noch, Geduld zu üben.«[199] Zum Schluß erfolgt noch der so wertvolle Aufruf, die Geduld umzusetzen in ein gutes Wort und in ein Gebet für diejenigen, gegen die man sich am liebsten ereifern möchte.

Der dritte Entwurf wählt zwar eine Überschrift, die den vollen Sinn des Gleichnisses trifft, »Saat und Ernte«. Er spricht dann aber hauptsächlich von der Verpflichtung zur Geduld, fügt jedoch bei: »Gott läßt dem Guten und Bösen einen Spielraum bis zur Ernte, bis zum Endgericht... Man muß Gut und Böse unterscheiden... Aber erst die Ernte bringt Klarheit. Die Ernte, das heißt das Gericht, ist Sache Gottes.«[200] Die Predigt schließt mit einem tiefen Gebet um einen guten Tod:

»Tod, schleudere mich nicht in dein Feld,
bevor ich guter Weizensame geworden bin!...
Herr, verwandle erst meine Ähre in Brot,
fülle erst meine Traube mit Wein!...
Laß mich das Heil erlangen!
Gott, laß mich nicht vor dein Angesicht kommen,
bevor ich heilig geworden bin!«[201]

Gerade durch dieses Gebet kommt der Predigtentwurf dem endzeitlichen Charakter des Gleichnisses nahe; aber voll entfaltet ist damit der Inhalt jener Botschaft Jesu nicht. Er müßte aber gerade in unserer heutigen Glaubenssituation entfaltet werden.

Da nun ein Prediger zu Recht einmal diesen Gedanken des Sonntagsevangeliums, ein anderes Mal jenen aufgreift, und keiner verlangen kann, daß die Predigt immer nur das Wesentlichste behandelt, wäre gegen diese drei Entwürfe nichts einzuwenden, sofern bei einem anderen Male das Hauptthema des Gleichnisses ausgeführt würde.

In den erwähnten zwanzig Entwürfen ist das jedoch nie geschehen. Die anderen siebzehn werden dem Inhalt des Gleichnisses viel weniger oder überhaupt nicht gerecht.

Vier weitere haben einen kurzen Hinweis auf das Gericht, wie beispielsweise: »Erst bei der Ernte wird das, was keine Frucht bringt, ausgesondert.«[202] Oder: »Bei der Ernte wird dann das Unkraut vom Weizen getrennt und verbrannt.«[203]

Zweifellos ist eine kurze Bemerkung immer noch besser als gar nichts, aber gerecht wird ein Prediger mit ihr dem Worte des Herrn keineswegs. Ein einzelner Satz geht fast immer unter, wenn er nicht aufgearbeitet oder auf ihn hingearbeitet wird.

In *einem* weiteren Entwurf ist nur von Toleranz die Rede – ausgenommen im Schlußsatz: »Am Ende der Zeit wird seine Barmherzigkeit das letzte Wort haben.«[204a] Der Ausspruch ist zwar sehr erwähnenswert. Jedoch zeigt er nur die eine Seite des Gerichtes auf. Das Evangelium dagegen zeigt beide.

Die *zwölf anderen* Predigtvorschläge behandeln lediglich Gesichtspunkte, die sich im Gleichnis auch finden: die Geduld Gottes oder unsere Verpflichtung zur Toleranz oder beides miteinander. Aber auf das Endgericht gehen sie in keiner Weise ein. Und doch wäre bei diesen Themen so leicht und so unkompliziert, wenigstens mit einigen Sätzen zu sagen, daß Gottes Geduld einmal ein Ende haben wird. Bei einzelnen dieser Predigten drängt sich ein solcher Satz förmlich auf. Aber er kommt nicht.

Zum Gleichnis vom verborgenen Schatz und der wertvollen Perle:[204 b]

Frohbotschaft, durch und durch Frohbotschaft ist dieses Gleichnis. So wird es denn auch von fast allen eingesehenen Entwürfen zu diesem Sonntagsevangelium aufgegriffen, obwohl und weil im zweiten Teil dieses Evangeliums das Gleichnis vom Fischernetz steht. Von achtzehn Predigtentwürfen wählen siebzehn das Gleichnis vom verborgenen Schatz und der Perle. Nur einer behandelt das vom Fischernetz. Ein Grund dafür wird sicher auch die Tatsache sein, daß dieses Gleichnis nicht in der Kurzform des Sonntagsevangeliums steht.

Aber vor allem wird wohl die Parabel vom verborgenen Schatz und der Perle wegen ihres verheißungsvollen Inhaltes den Verfassern der Predigtvorlagen willkommener gewesen sein.

Werden sie jedoch der Frohbotschaft in ihren Ausführungen voll gerecht?

Worum geht es in diesem Gleichnis? Um den hohen Wert des Gottesreiches! Er ist so groß, daß es sich lohnt, für ihn alles herzugeben. Wer ihn erkannt hat, ist so fasziniert, daß er für ihn mit Freude die größten Opfer bringt.

Die Parabel ist weniger ein Appell zur Freude und ebensowenig zum Opferbringen. Es geht um den Schatz, den das Himmelreich darstellt.

Wie nun behandeln die Predigtentwürfe dieses Gleichnis? Was zeigen sie als den Schatz des Gottesreiches auf? Unser Gutsein in all seinen friedenbringenden Formen sowie Gottes Liebe zu uns und Jesu Freundschaft mit uns. (Einzelne Predigten sind auch Appelle zur Freude oder zur Opferbereitschaft.)

Zweifellos sind Gottes Liebe und Jesu Freundschaft wie auch Tugend, Freude und Opferbereitschaft etwas vom Reich Gottes, das mit ihnen schon mitten unter uns ist.

Aber ist das allein schon der verborgene Schatz, der dazu anspornen kann, alles für ihn herzugeben? Was nützt mir Gottes Liebe, wenn Gott diejenigen züchtigt, die er liebt? Was habe ich von Jesu Freundschaft, wenn sie zum Kreuztragen nötigt? Was bringt mir aller Friede, wenn ich für ihn soviel zahlen, für ihn auf so vieles verzichten muß, wonach mein Herz schreit?

Eine wichtige Tatsache wurde bei all den Predigtvorschlägen außer acht gelassen. Paulus weist auf sie in radikaler Sachlichkeit hin: »Wenn wir unsere Hoffnung nur in diesem Leben auf Christus gesetzt haben, dann sind wir erbärmlicher daran als alle anderen Menschen.«[205]

Die fünfzehn bisher erwähnten Predigten verbleiben alle bei ihren Darlegungen über Gottes Liebe, Jesu Freundschaft und den Wert unseres Gutseins im Innerweltlichen. Nur zwei noch nicht berücksichtigte Predigtvorlagen wagen den Verweis auf die kommende Welt.

»Worum geht es denn eigentlich«, so heißt es in einer von ihnen, »bei diesem ›Reich‹ der Himmel bzw. Gottes? Es geht um das für uns Menschen vom Weltenschöpfer vorgesehene Ziel. Es geht um die Erfüllung unserer beständigen Sehnsucht... Es geht um unsere Bestimmung, also um die Antwort auf die Frage, wozu wir auf Erden sind. Es geht also schlechthin um einfach alles.«[206]

In der zweiten Vorlage heißt es: »Wenn uns Freude ohne Ende winkt, wird von diesem Licht und Glanz alles so überblendet, daß daneben nichts mehr aufkommt.«[207]

Wohl ist das Reich Gottes schon mitten unter uns – doch nur als verborgener Schatz, nach dem der Mensch zeitlebens suchen und graben muß. Er wird ihn erst gehoben haben, in die Hand und vor die Augen bekommen, wenn seine leiblichen Augen erloschen, seine verweslichen Hände erstorben sind. Wohl ist dem Glaubenden und Liebenden vieles bereits schon jetzt, wie im zweiten Teil dargelegt, geschenkt, aber nur als Angeld. Die eigentliche »Auszahlung« des Schatzes erfolgt erst nach diesem irdischen Leben.

Zum Gleichnis vom Fischernetz:[197 c]

Diese Parabel hat manches mit der vom Unkraut im Weizen gemeinsam: Nebeneinander von Gut und Böse in dieser Weltzeit, auch in der Kirche Gottes; Scheidung erst beim Endgericht. Das Gleichnis will sagen: Die bloße Zugehörigkeit zur Kirche genügt nicht, man könnte trotz ihrer verworfen werden.

Einen Ansatzpunkt, der die Möglichkeit gibt, den warnenden Worten Jesu auszuweichen, bietet dieses

Gleichnis nicht – sofern man es nicht umdeutet. Ob dies nicht neben den oben genannten Gründen ein weiterer ist, daß von achtzehn Predigtvorlagen über dieses Sonntagsevangelium nur eine einzige – eine Bildmeditation – dieses Gleichnis zum Thema der Predigt wählt und die übrigen, wie vorhergehend ausgeführt, das andere Gleichnis des Evangeliums, das vom verborgenen Schatz, wählen?

Wie nun wird die Parabel vom Fischernetz in der Bildmeditation behandelt?

Ihr Verfasser zeigt in anderen, sehr ansprechenden Predigtvorlagen öfter den Mut, auf unbequeme Worte Jesu einzugehen. Hier aber schlägt er eine andere Richtung, die heute übliche, ein. Er deutet zunächst das Gleichnis um.

Aus der Tatsache, daß Jesus von guten und schlechten Fischen im Netz spricht, schließt er: »Für Jesus steht also die Vielfalt seiner Anhänger im Mittelpunkt, das Zusammenleben verschiedenartiger Menschen, guter und böser... Daß man diese Vielfalt eines Tages kritisch sichten wird, daß man die vielen Fische einer Auslese unterziehen muß: das ist für Jesus erst in zweiter Linie wichtig. Matthäus, der in seinem Evangelium häufig mit dem Gericht droht, hat den Akzent auf die Scheidung von Gut und Böse verschoben. Er will seine Leser ermahnen, ein Leben zu führen, das im Endgericht bestehen kann. Um seinen Worten Nachdruck zu verleihen, verbannt er die Bösen für ewig in einen feurigen Ofen, in dem sie ›heulen und mit den Zähnen knirschen‹.

Den meisten von uns wird die ›frohe Botschaft‹ Jesu sympathischer sein als die gutgemeinten Drohungen des Matthäus.

Aber bedenken wir, die Menschen sind verschieden, und manche brauchen eine strengere Hand als andere.«[208] Soweit die Stelle aus der Bildmeditation.

Wie wäre es, wenn Jesus gewußt hätte, daß nicht nur einige, sondern die meisten Menschen bisweilen eine strenge Hand brauchen?!

Eine weitere Stellungnahme zu den Darlegungen der Bildmeditaion ist auf Grund all der Ausführungen dieser Schrift einschl. Anm. 99 und 101 nicht nötig.

Folgendes mag etwas polemisch klingen, ist aber doch sachlich gemeint. Es will in bewußt schockierender Weise aufzeigen, wie wir heute mit allen möglichen Ausreden die harten Wahrheiten des Evangeliums aufzuweichen oder sogar wegzureden versuchen. Der Autor will sich mit folgendem nicht gegen eine spezielle Gruppe richten, sondern will eine allgemeine Fehlhaltung aufzeigen, die man bei Laien und Amtsträgern vorfinden kann.

Wagt jemand es, auf Warnungen der alten Propheten zu verweisen, dann wird er abgespeist mit der Bemerkung: »Nun ja, das Alte Testament!« Führt er Jesusworte aus dem Matthäusevangelium an, dann bekommt er unter Umständen das zu hören, was in der Bildmeditation dazu gesagt wurde, Matthäus drohe gern, die Frohbotschaft Jesu sei sympathischer. Beweist der »Fundamentalist«, daß Lukas und Markus oft von krasseren Warnungen Jesu berichten, dann entgegnet man ihm, das seien »traditionelle Schilderungen der Unterwelt«, aus denen wir »keine Schlüsse über die letzten Dinge ziehen dürfen«[209]. Zeigt man wie ein lästiger Mahner auf, was Paulus, Petrus und Jakobus geschrieben haben, was im Hebräerbrief und in der Offenbarung des Johannes steht, dann werden manche einwenden, das hänge zusammen mit der Vorstellungswelt spätjüdischer oder frühchristlicher Apokalyptik. Deshalb handle es sich kaum um tatsächliche Wahrheitsinhalte.

Und was entgegnet man dazu, daß das Johannesevangelium zwar eine andere Sprache als die übrigen Evangelien hat, aber doch dieselben ernsten Wahrheiten sehr nachdrücklich verkündet? »Das Johannesevangelium legt nahe, daß es wohl einen ewigen Tod, aber keine ewige Qual gibt«, so wird darauf von einigen entgegnet.

Wird heute nicht oft das Gotteswort zu einem fehlbaren Menschenwort degradiert und dem Wort von Menschen das Prädikat der Unanfechtbarkeit verliehen?

In der Zeit vor der ersten Zerstörung Jerusalems (586 v. Chr.) ließ Gott immer wieder sein Volk durch verschiedene Propheten vor seinen Strafgerichten warnen. Dem Propheten Jeremia befahl er, die Warnungen aufzuschreiben und im Tempel zu verlesen. »Vielleicht werden die Leute vom Haus Juda, wenn sie hören, wieviel Unheil ich ihnen antun will, umkehren von ihrem bösen Weg, und ich kann ihnen Schuld und Sünde verzeihen«[210], schloß Gott seinen Auftrag an Jeremia.

Jeremia schrieb auftragsgemäß Gottes Warnungen auf und ließ sie an einem Festtage im Tempel durch den Propheten Baruch, seinen getreuen Helfer, verlesen.

Die Sache wurde dem König berichtet. Er ließ sich die Buchrolle mit den Strafandrohungen Gottes bringen und die Großen des Volkes zu sich holen. Dann mußte ein Hofbeamter namens Jehudi sie vor ihnen und dem König vorlesen. »Der König wohnte im Winterhaus;... Vor ihm brannte das Feuer auf dem Kohlenbecken. Sooft Jehudi drei oder vier Spalten gelesen hatte, schnitt sie der König mit einem Schreibermesser ab und warf sie in das Feuer auf dem Kohlenbecken, bis das Feuer auf dem Kohlenbecken die ganze Rolle verzehrt hatte. Niemand erschrak, und niemand zerriß seine Kleider, weder der König noch irgendeiner seiner Diener.«[221]

Die Strafe, welche die Stadt Jerusalem sowie den König und seine Familie schließlich traf, war furchtbar. Nebukadnezzar (Nabuchodonosor) belagerte und eroberte Jerusalem und ließ die Vornehmen des Landes töten. Ein Teil der Israeliten wurde nach Babylon verschleppt – so auch der König. Seine Söhne wurden vor seinen Augen hingeschlachtet. Dann ließ ihn Nebukadnezzar blenden.

Machen wir es mit den Warnungen, die uns Gott in den Heiligen Schriften hinterlassen hat, nicht ähnlich wie jener König, der Stück für Stück von der Schriftrolle mit ihren Warnungen abschnitt und verbrannte? Der einzige Unterschied: Wir tun es wahrscheinlich nicht aus bewußter Mißachtung des Gotteswortes, sondern irregeführt durch den Trend der Zeit.

Es ließe sich nun aufzeigen, daß mit allen Sonntagsevangelien, die ernste Warnungen Jesu enthalten, genauso verfahren wird wie mit den Evangelien vom Unkraut im Weizen und vom Fischernetz. Nur verhältnismäßig wenige greifen die Warnungen auf; und kein einziger macht den Versuch, klar und eindeutig zu bezeugen, daß es eine ewige Hölle gibt. Das Verhängnisvollste ist, daß einige Boten Jesu diese Botschaft ihres Herrn in Frage stellen.

Nach einer Predigt soll sich, wie dem Verfasser glaubwürdig berichtet wurde, folgendes in einem Wirtshaus abgespielt haben: »Hurra, eine Hölle gibt es nicht. Wir können jetzt anstellen, was wir wollen!« johlten die jungen Männer, und die alten »Knaben« jammerten ins Bierglas: »Was sind wir doch früher verschaukelt worden!«

Nicht nur diese, sondern so manche Leute der älteren und mittleren Generation fühlen sich wegen des Kontrastes zwischen der früheren und der heutigen Verkündigung verschaukelt.

Bewußt »verschaukelt« wurde und wird hoffentlich niemand; aber leider geht der Pendelschlag der Verkündigung in vielen Dingen von einem Extrem in das andere. Der Ungeist wechselt nur seine Methode!

Aus dem Religionsunterricht

Die Hölle ist mit der Liebe Gottes nicht vereinbar, das ist die Ansicht vieler Christen unserer Tage, ganz besonders unserer jungen Männer und Frauen. Von ihnen glauben nur noch wenige an die reale Möglichkeit einer ewigen Strafe im Jenseits.

Wie sollen sie auch zum Glauben an diese Wahrheit gelangt sein? Die Erklärung, Hölle und Gottes Liebe vertragen sich nicht, klingt überzeugend. Zudem ist der Gedanke an die Existenz einer Hölle unserem menschlichen Denken und Empfinden schier unerträglich. Wenn trotzdem der Glaube an ihre Existenz erweckt, gepflegt und erhalten werden soll, bedarf dieser Glaube einer sowohl grundlegenden wie auch einer ständig weiterführenden Unterweisung.

Im Religionsunterricht der Grundschule wird – zumindest, was die Lehrpläne betrifft – die Hölle totgeschwiegen. Die Verantwortlichen meinen, eine so furchterweckende Wahrheit könne Kindern im Grundschulalter nicht zugemutet werden. Darum steht dieser Lehrstoff auch nicht auf dem Lehrplan der Grundschule.

Jedoch müßte gerade in der *Grundschule* der Glaube an das, was Jesus über die Belohnung der Guten und die ewige Bestrafung der Bösen verkündet hat, *grundgelegt* werden. Wenn diese Grundlegung dort nicht erfolgt, wird in den Pubertätsjahren nur schwerlich der Glaube an sie geweckt werden können. Normalerweise ist, aus rein psychologischer Sicht, dann »der Zug abgefahren«. Was Gott mit seiner Gnade vermag und tut, steht auf einem anderen Blatt, das zu schreiben nicht unsere Angelegenheit ist. Aber von uns aus darf den Kindern der Grundschule nicht ein verkürzter, halbierter, retuschierter Glaube verkündet werden. Und schon gar nicht dürfte sich deren religiöse Unterweisung überwiegend mit innerweltlichen Themen befassen, was häufig der Fall ist.

Kinder sind im allgemeinen viel aufgeschlossener für die Dinge des Jenseits – und für andere Glaubensgeheimnisse – als Erwachsene. Ist doch das Kind in allen Lebensbereichen darauf angewiesen, den Erwachsenen zu glauben. So ist seine Psyche mehr auf das Glauben als auf das Durchschauen und Ergründen angelegt. Der Erwachsene möchte mit seinem Verstand alles durchdringen. Was über sein Verstehen hinausgeht, bereitet ihm Schwierigkeiten. Das Kind ist anders. Es geht ihm nicht so sehr darum, etwas voll mit dem Verstand zu *er*fassen, sondern es möchte die Dinge mit dem Herzen *um*fassen. Deswegen ist es mehr dazu geneigt, das Geheimnis zu lieben und zu bejahen, als sich mit ihm den Kopf zu zerbrechen. So ist denn »Der kleine Prinz« in manchen Dingen verständiger als der überkluge Erwachsene.

Weil die Psyche des Kindes mehr auf das Glauben als auf das Durchschauen angelegt ist, haben tiefgläubige Eltern und Erzieher – im allgemeinen – wenig Schwierigkeiten, wenn sie ihren Kindern von Jesus im Tabernakel, und keinerlei Probleme, wenn sie vom Himmel erzählen. Doch sollten sie rechtzeitig – in angemessener Weise – auch die andere Hälfte der Wahrheit über das Jenseits vermitteln. Die Wahrheiten von Himmel und Hölle gehören zusammen.

Es war sicher unangemessen, verfehlt und höchst unsachlich, wenn früher bereits Kleinkindern wegen ihrer kleinen Unarten mit der Hölle gedroht wurde. Es wäre jedoch sehr gut, ihnen etwa folgendes zu sagen: »Gott will einmal alle guten Menschen zu sich in den Himmel nehmen und sie ganz glücklich machen. Weil auch die Bösen seine Kinder sind, liebt er sie auch, und er hätte es darum so gerne, daß auch sie einmal in den Himmel kämen. Wenn sie jedoch böse bleiben wollen, kann er sie im Himmel nicht brauchen. Dann müssen sie, so leid es dem lieben Gott tut, einmal in die Hölle, wo sie furchtbar leiden werden. Du brauchst aber deswegen keine Angst zu haben. Kleine Kinder können noch nicht so böse sein, daß sie in die Hölle kommen, wenn sie sterben würden. Und du willst ja auch, wenn du groß bist, kein böser Mensch werden.«

Wer so oder ähnlich vor kleineren Kindern über die Hölle spricht, verängstigt sie nicht, legt aber das Fundament für eine lebensentscheidende Glaubenswahrheit. Das Sprichwort »Halbe Wahrheit führt zum Teufel, ganze Wahrheit führt zu Gott« gilt auch im Vorschul- und Grundschulalter.

Wie die Wahrheit von der Existenz einer Hölle den Kindern nicht vorenthalten werden darf, so auch nicht die von der Existenz eines Fegefeuers. Auf jeden Fall gehört die Verkündigung zeitlicher wie ewiger Strafen Gottes in den Beichtunterricht. Beichte und Buße hängen weitgehend in der Luft, wenn das Bewußtsein fehlt, daß Sünden, die nicht getilgt werden, sich einstens rächen.

Viele Leute, junge mehr als alte, halten es für überflüssig, sich um Gott und seinen Willen zu kümmern, weil sie einerseits feststellen, daß es den Schlechten nicht schlechter geht als den Guten, und ihnen andererseits der Gedanke an eine jenseitige Strafe nicht kommt. Wie sollte er auch kommen? In der Predigt wird kaum noch etwas darüber gesagt; und im Religionsunterricht kommen die Letzten Dinge laut Richtlinienplan zu spät zur Sprache – erst im 9./10. Schuljahr, wenn die Aufnahmebereitschaft bei den meisten abgenommen hat.

Ja, auch hier, im 9./10. Schuljahr, wird dieser Stoff großenteils unzureichend oder verwirrend behandelt. Viele Schulen haben zudem Religionsbücher eingeführt, in denen von Himmel, Hölle und Fegefeuer überhaupt nicht die Rede ist.

Der Verfasser hat sechs Religionsbücher und zwei Katechismen dieser Jahrgangsstufen eingesehen.

In einem Religionsbuch[212] steht über die Letzten Dinge nichts.

In einem weiteren[213] wird das Gericht nach dem Tode in höchst fragwürdiger Weise behandelt. In ihm steht lediglich ein Beitrag unter dem Titel »Was kommt nach dem Tod?«. Die Kernsätze lauten: »Im Tode werden wir Gott endgültig begegnen... Wir werden dann erkennen, wie groß und heilig Gott ist. Zugleich aber werden uns die Augen über uns selbst aufgehen. Wir werden in einem furchtbaren Erschrecken unsere Selbstgerechtigkeit, unsere Herzenshärte und all unseren Egoismus erkennen... Das wird unendlich schmerzhaft sein und uns durchfahren wie Feuer... *Das und nichts anderes ist das Gericht* (Hervorhebung durch d. V.) und auch unser ›Fegfeuer‹. Gerade dann wird uns Gott begegnen wie der gütige Vater im Gleichnis. Er wird nicht nach Schuld und nicht nach Gerechtigkeit fragen, sondern uns in unendlicher Freude an sich ziehen. Das wird die eigentliche Erfahrung des Todes sein: die Liebe, die Güte und die Barmherzigkeit Gottes.«[214]

Die Abhandlung läuft also auf eine Leugnung der Wahrheit von der Existenz einer Hölle hinaus. Ihr Verfasser mag an anderer Stelle seine Ausführungen richtiggestellt haben, aber hier in diesem Religionsbuch nicht.

Zwar ist auf der Buchseite neben dem besagten Artikel ein Altargemälde mit dem letzten Gericht und dem Hinweis »vgl. Mt 24,29–36 u. Offb 21,5–8«; aber in Verbindung mit solchen Ausführungen ist jeder Leser – Lehrer wie Schüler – dazu verleitet, die

Darstellung des Gemäldes im Sinne der Abhandlung zu deuten. Wer ihrem Inhalt zustimmt, muß das Gemälde als zeitbedingte mittelalterliche Auffassung werten. Ähnlich wird er die Worte Jesu, auf die lediglich verwiesen wird, ohne sie anzuführen, als nur zeitbedingte orientalische Vorstellung abtun.

Ein drittes Religionsbuch [215] würdigt »Die letzten Dinge« – ähnlich dem ersten – keiner eigenen Behandlung. Allerdings ist im Kapitel über die Sünde ein betonter Hinweis auf eine Stelle des 1. Korintherbriefes, in dem von Sünden die Rede ist, die aus dem Reiche Gottes ausschließen.

Ein viertes [216] bringt in Kleindruck stichwortartige Hinweise zu einer kurzen Erarbeitung der Wahrheiten über Himmel, Hölle und Fegefeuer.

Zwei Religionsbücher und der Katechismus »Grundriß des Glaubens« [217] behandeln die »letzten Dinge« ein wenig ausführlicher, werden aber auch der Verkündigung Jesu und dem Ernst der Sache nicht voll gerecht. Geht es doch um ewiges Leben oder ewigen Tod, und ist es doch das einzige Mal, daß im Verlauf von 10 Schuljahren über die Hölle und das Fegefeuer gesprochen wird. Natürlich hängt viel vom jeweiligen Religionslehrer ab, was er aus dem Text des Religionsbuches erarbeitet, herausholt.

Gut behandelt werden Himmel, Hölle und Fegefeuer im Katechismus »Botschaft des Glaubens« [218]. Leider ist »Botschaft des Glaubens« längst nicht so verbreitet wie »Grundriß des Glaubens«.

Eine gute, solide Darstellung der Letzten Dinge bietet auch der Katholische Erwachsenen-Katechismus. [219a]

In einem apostolischen Schreiben[219b] lobt Papst Johannes Paul II. das teils gelungene Bemühen um gute Religionsbücher. Dann aber schreibt er: »Im Bemühen um eine bessere Sprache oder um den neuesten Stand der pädagogischen Methoden verwirren hier und da gewisse katechetische Werke ziemlich oft die Jugendlichen und sogar die Erwachsenen, sei es, weil sie bewußt oder unbewußt wesentliche Elemente des Glaubens der Kirche weglassen, sei es, weil man von einer allzu horizontalen Gesamtschau ausgeht, die dem, was das Lehramt verkündet, nicht entspricht.«[220]

Dieses Weglassen und Verwirren scheint dem Verfasser bei der Behandlung der endzeitlichen Mahnungen auffallend häufig vorzukommen.

Verhängnisvolle Hörigkeiten

Ob so oder so, ob bewußt oder unbewußt, ob in guter Absicht oder aus verfehlter Einstellung: Die heutige Verkündigung der Letzten Dinge (und manch anderer auch) läuft darauf hinaus, daß wesentliche Wahrheiten ausgeklammert bleiben. Durch diese Nichtbeachtung gehen dem Bewußtsein der Christen wichtige Wahrheiten offensichtlich mehr und mehr verloren. Viele verlieren dadurch Halt und Hilfe.

Nicht nur dieser oder jener Religionslehrer, Seelsorger, Fachtheologe oder Bischof trägt dafür die Verantwortung. Alle Schichten des Gottesvolkes müssen hier aufrichtige Gewissenserforschung halten:

– die Hörer des Wortes Gottes: Sind sie ehrlich bereit, die volle Wahrheit zu hören?

– die Verkünder des Wortes Gottes: Haben sie den Mut, die Wahrheit in ihrer ganzen Fülle deutlich kundzutun?
– die Bischöfe: Nehmen sie die Fehlentwicklungen und Lücken in der Verkündigung ernst genug?
– wir alle: Wie weit lassen wir uns von Leuten blenden oder einschüchtern, die Paulus als »Feinde des Kreuzes Christi«[221a] bezeichnen würde?

Folgendes Ereignis möge letzteres bewußt machen: Die evangelische Kirchengemeinde Gerdau im Kreis Uelzen veranstaltete eine Bibelwoche für Kinder. Ein Fernsehteam des NDR-Fernsehens war beauftragt worden, für die Sendung »extra drei« eine »Kostprobe« dieser Bibelwoche zu erstellen.

Der Autor des Fernsehbeitrages ließ von einem Kind die Bibelstelle vorlesen: »Wer aber nicht glaubt, wird verdammt.«[221b] Der Pfarrer der Gemeinde, Wolfgang Richter, erhob dagegen Einspruch und erklärte, daß solche furchterregenden Texte im Kindergottesdienst keinesfalls verwendet würden. Trotzdem bestand der Fernsehmann auf dieser Bibelstelle.

Bei der Sendung des Beitrages am 10. Mai 1991 wurde gerade diese Stelle aufgegriffen und gebrandmarkt. Hier zeige sich, wie die Kirche schon bei Unmündigen mit der »Indoktrination«[222], der ideologischen Beeinflussung, beginne.

Die Gemeinde Gerdau protestierte gegen diese Manipulation, und Pastor Richter erklärte: »In unserer Kinderarbeit wird nicht mit Verdammnis gedroht. Wir verstehen das Evangelium als frohe Botschaft, zu der weder Inhalte noch Vermittlungsformen passen, die auf das Bewirken von Angst zielen.«[223]

Die Manipulation des Fernsehautors war teuflisch.

Offensichtlich hatte er zwei Ziele: erstens, die Kirche zu verunglimpfen; zweitens, sie einzuschüchtern, die Botschaft ihres Herrn unverkürzt zu verkünden.

Die Proteste des Pfarrers gegen die Berichterstattung waren deswegen mehr als berechtigt. Was er sagte, war jedoch weniger gut.

Selbst wenn alle Welt uns als Drohbotschafter hinstellte, dürften wir die Warnungen Jesu nicht verschweigen, auch nicht vor Kindern.

Was wäre aus der Kirche Gottes geworden, wenn die Apostel sich hätten einschüchtern lassen, den Gekreuzigten zu verkünden?

Obwohl er »für Juden ein empörendes Ärgernis, für Heiden eine Torheit«[224] war, obwohl sich nur eine Minderzahl für einen gekreuzigten Gott gewinnen ließ, obwohl Christen des Gekreuzigten wegen verspottet wurden (Gekreuzigter mit Eselskopf als Spottkarikatur in den kaiserlichen Bauten Roms), ist die Kirche der Verkündigung des Gekreuzigten treu geblieben. Sie hat sich damals nicht von den »Gegnern des Kreuzes Christi« diktieren lassen, was sie zu sagen und worüber sie zu schweigen hat.

Zeigt sie heute auch noch diese bedingungslose Unabhängigkeit – oder ist sie einer verhängnisvollen falschen Anpassung verfallen?

Da schrien die »Gegner des Kreuzes«: »Immer diese Vertröstungen mit dem Jenseits! Wir brauchen eine bessere Erde!« Und wir, die Verkünder des Kreuzes, wurden kleinlaut: »Entschuldigt bitte, so hat das unser Jesus gar nicht gemeint. Sicher, die Alten haben manches schief gesehen und falsch gesagt. Wir sind da heute anderer Ansicht.« So predigten wir denn vornehmlich diese Erde, und wenn wir den Himmel auch nicht nur »den Spatzen überließen«, so stellten wir doch das Wort unseres Herrn auf den Kopf. Statt: »Euch jedoch muß es um sein Reich gehen; dann wird euch das andere dazugegeben«[225a], lautete unsere selbstgemachte Botschaft: Zuerst einmal eine bessere Erde, erst wenn wir das geschafft haben, dann mag der Himmel an die Reihe kommen!

Und weiter schrien die »Gegner des Kreuzes Christi«: »Immer diese leibfeindlichen Moralpredigten über das sechste Gebot, diese Weckung von Sexualängsten! Wißt ihr sonst nichts Besseres zu sagen?« Und wir, die Verkünder des Kreuzes, gaben eingeschüchtert und verunsichert zur Antwort: »Ihr habt nicht ganz unrecht. Wir haben das sechste Gebot an die erste Stelle gesetzt. Das wird anders werden. Zudem wissen wir selbst nicht mehr, was hier richtig und was falsch ist.«

Nachdem vor Jahrzehnten eine übergroße Strenge im Sexualbereich und auch in anderen Bereichen der Moral ziemlich weit verbreitet war, hat sich heute ein freizügiger Laxismus in manchen Sektoren der christlichen Moral weithin durchgesetzt: Unpopuläre Gebote Gottes werden aus unserem Predigtprogramm mehr oder weniger gestrichen. So sind wir mitschuldig geworden an den moralischen Verirrungen unserer Zeit.

Ermutigt durch diesen grandiosen Erfolg schrien die »Gegner des Kreuzes« weiter: »Was macht ihr da aus der Botschaft Jesu? Frohbotschaft nennt ihr sie? Drohbotschaft! Nur Drohbotschaften hört man von euren Kanzeln!« Und wir sagten und sagen es noch: »Jaja! Die Alten, was die sich so geleistet haben! Aus unserem Munde werdet ihr die Worte Hölle und Verdammung nie mehr hören.«

Wie viele Menschen durch all die Verstümmelungen des Wortes Gottes ermutigt werden, den Weg ins Verderben zu gehen, wissen wir nicht. Können wir mit Paulus ruhigen Gewissens sagen: »Ich bin unschuldig, wenn einer von euch allen verlorengeht. Denn ich habe mich der Pflicht nicht entzogen, euch den ganzen Willen Gottes zu verkünden.«[225b]

Dieses Kapitel sei abgeschlossen mit einer Warnung Gottes an den Propheten Ezechiel: »Menschensohn, ich gebe dich dem Haus Israel als Wächter. Wenn du ein Wort aus meinem Munde hörst, mußt du sie vor mir warnen. Wenn ich zu einem, der sich schuldig gemacht hat, sage: Du mußt sterben!, und wenn du ihn nicht warnst... dann wird der Schuldige seiner Sünde wegen sterben; von dir aber fordere ich Rechenschaft für sein Blut... Und wenn ein Gerechter sein rechtschaffenes Leben aufgibt und Unrecht tut, werde ich ihn zu Fall bringen, und er wird sterben, weil du ihn nicht gewarnt hast... Von dir aber fordere ich Rechenschaft für sein Blut. Wenn du aber den Gerechten davor warnst zu sündigen, und er sündigt nicht, dann wird er am Leben bleiben, weil er gewarnt wurde, und du hast dein Leben gerettet.«[225c]

VIERTER TEIL

MACHT UND »OHNMACHT« DES GOTTESWORTES

Peinliche Fragen

Vielleicht hat sich dieser oder jener Leser die Frage gestellt, ob die Verkündigung der Letzten Dinge – Tod, Gericht, Himmel, Hölle – wirklich so entscheidend ist. Sind die Menschen heute tatsächlich schlechter als zu den Zeiten, in denen Himmel und Hölle zu den Hauptthemen der Verkündigung gehörten? Wurde damals nicht auch kräftig gesündigt, so und so? Gibt es heute nicht genauso gute Christen wie in Zeiten, in denen die Warnungen des Evangeliums nachhaltig verkündet wurden?

Ja haben die Kirchengegner nicht ein wenig recht, könnte man weiter fragen, wenn sie uns triumphierend die Frage an den Kopf werfen: »Was hat das Christentum in den zweitausend Jahren mit seinem Gerede eigentlich erreicht? Ist die Welt dadurch besser geworden?«

Zu einem Paradies ist die Welt nicht geworden, und die Menschheit hat sich tatsächlich nicht in eine Gesellschaft von Heiligen verwandelt.

Die christlichen Völker haben nicht nur gegen islamische Völker mörderische Kreuzzüge geführt; sie haben sich auch gegenseitig mit Feuer und Schwert bekämpft und tun es noch heute.

Wo blieb bei all dem vielfältigen Versagen der Christenheit die Kraft des Evangeliums, die anspornende der Verheißungen und die abschreckende der Warnungen? Fragen über Fragen, peinliche Fragen!

Wir dürfen von der Macht des Gotteswortes nicht mehr erwarten, als Christus verheißen hat. Darum dürfen wir uns auch von der unverkürzten Verkündigung des Evangeliums nicht mehr versprechen, als was der Herr ganz allgemein von der Wirksamkeit des Gotteswortes gesagt hat.

Der Herr hat nicht verheißen, daß die Verkündigung der Frohbotschaft schon auf dieser Erde ein Reich des Friedens herbeiführen wird, sondern er hat vorausgesagt: »Ein Volk wird sich gegen das andere erheben und ein Reich gegen das andere.«[226]

Er hat nicht prophezeit, daß nun, mit ihm und seinen Aposteln, die Wahrheit einen gewaltigen Siegeszug auf der ganzen Erde antreten werde, sondern: »Viele falsche Propheten werden auftreten, und sie werden viele irreführen.«[227]

Der Herr hat nicht im Stil der Aufklärer des 18. Jahrhunderts erklärt, daß nun nach seiner »Aufklärung« alle Menschen ganz von selbst gut würden und die Zeit brüderlicher Liebe angebrochen sei, sondern er hat vorausgesagt: »Weil die Mißachtung von Gottes Gesetz überhandnimmt, wird die Liebe bei vielen erkalten.«[228]

Ebensowenig hat der Herr verheißen, daß die Verkündigung des Evangeliums schließlich die ganze Menschheit zum Glauben führen würde, sondern er hat die bange Frage aufgeworfen: »Wird… der Menschensohn, wenn er kommt, auf der Erde (noch) Glauben vorfinden?«[229]

Von der Saat des Evangeliums sagt er nicht voraus, daß aus ihr eine Kirche erwachse, in der es nur Gute und Heilige geben werde. Jesus hat die Kirche mit einem Weizenfeld verglichen, auf dem neben dem Weizen auch Unkraut – vom bösen Feind gesät – wuchern wird.

Wie er der Illusion einer durch und durch heiligen Kirche vorbeugte, so erweckte er auch von vornherein bei den Aposteln und den anderen Verkündern des Evangeliums nicht die Illusion, daß sie »mit fliegenden Fahnen« aufgenommen würden. Im Gegenteil! Auf Verfolgung und Mißerfolg bereitete er sie vor: »Wenn sie mich verfolgt haben, werden sie auch euch verfolgen.«[230]

Aber im selben Atemzug versicherte er ihnen auch: »Wenn sie an meinem Wort festgehalten haben, werden sie auch an eurem Wort festhalten...«[231a]

Neben all den Prophezeiungen über die »Ohnmacht des Gotteswortes« und über das Böse in der Kirche bringt der Herr mehr noch die andere Seite seiner Kirche und ihrer Verkündigung zur Sprache, die Seite, für die Ungläubige und Kirchengegner blind sind und die manch Guter sich von ihnen verdunkeln läßt: die Macht des Gotteswortes trotz all seiner »Ohnmacht«, das Wachsen des Gottesreiches auf Erden trotz aller Mängel der Kirche.

Wie ein kleines Senfkorn sich zum größten Gartengewächs entwickelt, so werde Gottes Reich bereits auf Erden von winzigen Anfängen zu immer größerer Entfaltung gelangen. Und wie ein Sauerteig die ganze Masse frischen Teiges durchsäuert, so werde die Kirche die Welt umgestalten – trotz ihres Unkrautes und trotz ihrer »schlechten Fische« und trotz der angeblichen Ohnmacht des Gotteswortes.

Wenn sich auch manch dunkles Kapitel über das

sogenannte Versagen der Kirche schreiben ließe – einiges davon steht in diesem Büchlein –, so ließen sich, aller negativer Kritik zum Trotz, viele dicke Bände über die gestaltende, erneuernde, heiligende Kraft des Evangeliums und der Kirche verfassen.

Besonders anschaulich und realistisch schildert der Herr im Gleichnis vom Sämann das Doppelgeschick des Gotteswortes.

Bei einigen fällt es auf den Weg, unter die Dornen oder auf felsigen Boden und bringt keinerlei Frucht. Bei anderen dagegen fällt es auf fruchtbaren Boden und bringt dort guten, jedoch sehr unterschiedlichen Ertrag: dreißigfältigen, sechzigfältigen oder hundertfältigen.«[231b]

Wie der Herr vorhergesagt

Bereits in der Frühgeschichte der Urkirche tritt zutage, welch verschiedenes Geschick das Wort Gottes bei den Menschen erfährt:

Pfingsten – Petrus zur zusammengeströmten Volksmenge:

»Ihn, der nach Gottes beschlossenem Willen und Vorauswissen hingegeben wurde, habt ihr durch die Hand von Gesetzlosen ans Kreuz geschlagen und umgebracht«, hält Petrus in aller Schärfe seinen Zuhörern vor Augen, nachdem er ihnen die machtvollen Taten Jesu ins Bewußtsein gerufen hatte. Dann fährt Petrus fort: »Gott aber hat ihn von den Wehen des Todes befreit und auferweckt...« Abschließend verbinden sich in der ersten Pfingstpredigt noch einmal Frohbotschaft und harter Tadel: »Mit Gewißheit erkenne also das ganze Haus Israel: Gott hat ihn zum Herrn und Messias gemacht, diesen Jesus, den ihr gekreuzigt habt.«[232]

»Als sie das hörten, traf es sie mitten ins Herz, und sie sagten zu Petrus und den übrigen Aposteln: Was sollen wir tun, Brüder?«[233]

Die Antwort war befreiend. Dreitausend fanden durch die zugleich aufrüttelnde wie befreiende Predigt sofort zum Glauben, und mehr und mehr schlossen sich in der Folgezeit ihnen an.

Geraume Zeit nach Pfingsten – ein Gegenstück: Stephanus steht als Angeklagter vor dem Hohen Rat. Sein Gesicht schien wie das eines Engels. Werbend und überzeugend legt er dar, daß Jesus der erwartete Messias ist. Stephanus aber spürt mehr und mehr, daß er wie gegen eine Wand redet. So schließt er seine zuerst so werbende Rede mit einem Vorwurf, der an Deutlichkeit und Härte kaum zu überbieten ist: »Ihr Halsstarrigen, ihr, die ihr euch mit Herz und Ohr immerzu dem Heiligen Geist widersetzt, eure Väter schon und nun auch ihr. Welchen Propheten haben eure Väter nicht verfolgt? Sie haben die getötet, die die Ankunft des Gerechten geweissagt haben, dessen Verräter und Mörder ihr jetzt geworden seid.«[234]

»Als sie das hörten, waren sie aufs äußerste über ihn empört und knirschten mit den Zähnen«, und als dann Stephanus ausrief, »Ich sehe den Himmel offen und den Menschensohn zur Rechten Gottes stehen«, kannt ihre Wut keine Grenzen mehr.[235]

Die Rede des heiligen Stephanus vor dem Hohen Rat und die Pfingstpredigt des heiligen Petrus, zwei eindrucksvolle Reden ähnlichen Inhalts mit gegensätzlicher Wirkung! Die Zuhörer der einen lassen sich ins Herz treffen. Die der anderen widersetzen sich mit »Herz und Ohr« dem Heiligen Geist und steinigen den Künder der Frohbotschaft.

Erfolg und Mißerfolg des Wortes Gottes hängen also nicht vom Wort Gottes selbst oder vom Geschick des Predigers ab, sondern von der Aufnahmebereitschaft des Hörers. Das Wort Gottes ist nur dort ohnmächtig, wo Menschen es nicht aufnehmen wollen oder es nicht hüten. Gott zwingt sein Wort, zwingt sich selbst niemandem auf. Er will die völlig freie Annahme.

Darum gleicht das Geschick des *von Menschen gesprochenen Wortes Gottes* dem Schicksal des *fleischgewordenen Wortes Gottes.* So wie dieses sich nicht aufgezwungen, sondern ausgeliefert hat, so liefert sich auch das von Menschen gesprochene Wort Gottes vom Pfingsttag bis heute immer wieder den Menschen aus, ihrer Annahme oder ihrer Ablehnung, ihrer dankbaren Zustimmung oder ihrem Spott und Hohn.

Wie viele zuerst voller Begeisterung dem Herrn zuliefen und zuhörten, wie ihn dann aber mancher wieder verließ, seine Rede als »hart« verwarf, so hat von Pfingsten bis heute so mancher den Herrn wegen seiner Verheißungen zuerst freudig angenommen. Er fühlte sich zunächst nicht eingeengt in seiner Freiheit und nicht geängstigt durch die Warnungen. Dann aber schienen ihm die Gebote zu hart. Er wurde taub für die Frohbotschaft und blind für die von Christus geschenkte wunderbare Freiheit.

Aber so, wie viele andere das fleischgewordene Wort damals, als es zur Erde niedergestiegen war, annahmen und ihm treu blieben bis in den Tod, so wird auch von Pfingsten bis heute immer wieder das gesprochene Wort Gottes angenommen und trotz aller scheinbaren Härten in Treue bewahrt bis in den Tod.

Wer zum fleischgewordenen Worte Gottes ein Ja sagt, der sagt mit Hilfe der Gnade auch ja zu seinem gesprochenen Wort. Er nimmt es bereitwillig an, wie es ist, mit all seinen Konsequenzen, mit allem Erhebenden und allen Warnungen, mit allen Lasten und allen Verheißungen.

Es geht also bei der Annahme des Wortes Gottes letztlich nicht um die Annahme irgendwelcher Wahrheiten und Forderungen, sondern um die Annahme Gottes selbst, der in seinem Wort zu uns kommt.

Deswegen wird durch eine unverkürzte Verkündigung des Gotteswortes keiner, der Gott aufrichtig sucht, aus der Kirche hinausgeekelt. Im Gegenteil, gerade durch eine geschmälerte Verkündigung, die kraftlos ist, verlieren viele den Halt, laden Schuld auf sich und wenden sich dann schließlich von Gott und der Kirche ab.

Die unverkürzte Verkündigung zwingt zur unumgänglichen Entscheidung für oder gegen Gott. Wer sich in dieser Entscheidung zum Ja durchringt, findet Halt, Glaubenstiefe und den inneren Frieden.

So wird es wohl kaum zutreffend sein, daß die Menschen, speziell die Gläubigen, in Zeiten, in denen das Wort Gottes abstrichlos verkündigt wurde, nicht besser waren als in unserer Zeit mangelhafter Verkündigung. Für den, der sich nicht selbst Sand in die Augen streut, bietet unsere heutige Welt hinreichendes Beweismaterial dafür.

Sie bietet aber auch Beweismaterial für die Früchte

guter Verkündigung und Bewußtseinsbildung. Denn unsere heutige Zeit sticht von der vergangenen nicht nur durch ihre Untugenden, sondern auch durch manche moderne Tugenden ab – besonders auf sozialem und gesellschaftlichem Sektor. Zur Schärfung des sozialen Gewissens hat mit Gewißheit auch unsere Verkündigung beigetragen.

Wenngleich es zu einfältig wäre, die Licht- und Schattenseiten unserer Zeit nur auf unsere gute beziehungsweise mangelhafte Verkündigung zurückzuführen, so kann man doch den Schluß ziehen:

Was nicht gesagt wird, wird meist auch nicht getan. Was immer wieder ans Herz gelegt wird, wird von vielen auch beherzigt.

Zudem wird der volle Segen Gottes nur auf einer vollen Weitergabe seiner Botschaft ruhen. Ein Prediger, der populäre Abstriche macht, mag bei den Hörern Beifall finden. Es mag ihm auch gelingen, die Menschen an sich zu binden und ihnen einige gute Ratschläge zu geben. Ob er die Menschen aber wirklich zu Gott führen wird?

Die Apostel haben in einer sittenlosen Welt den unverkürzten Glauben verkündet. Sie hatten neben manchen großen Erfolgen auch viele Enttäuschungen und Mißerfolge. Die Kirche blieb zu ihren Lebzeiten und über Jahrhunderte hinweg eine kleine Herde. Aber aus dem, was die ersten Glaubensboten trotz solcher Mißerfolge erreicht haben, wurde ein tragfähiges Fundament für alle kommenden Zeiten. So konnten die Apostel für das Erreichte dankbar sein. »Wir danken Gott unablässig dafür«, schreibt der heilige Paulus an die Thessalonicher, »daß ihr das Wort Gottes, das ihr durch unsere Verkündigung empfangen habt, nicht als Menschenwort, sondern – was es in Wahrheit ist – als Gottes Wort angenommen habt; *und jetzt ist es in euch, den Gläubigen, wirksam.*«[236]

Vielfältige Frucht

Es war etwa im Jahre 272. Ein junger, zwanzigjähriger Mann besuchte die Eucharistiefeier. Er hatte seine Eltern verloren. Ein großes Vermögen war ihm zugefallen. Nun hörte er im Evangelium: »Wenn du vollkommen sein willst, geh, verkauf deinen Besitz und gib das Geld den Armen...; dann komm und folge mir nach.«[237] Schon oft hatte er dieses Wort gehört; jedoch er hatte sich nie von ihm angesprochen gefühlt. Nun aber war es, als werde es ihm ganz persönlich ins Herz gesprochen. So unwiderstehlich war ihm die Macht des Wortes, daß er ihm nicht ausweichen konnte.

Im Gegensatz zu dem reichen jungen Mann, den Jesus selbst in seine Nachfolge rufen wollte, fand er den Mut, alles zu verkaufen. Dann ging er in die Wüste, um dort ein Leben des Gebetes und der Entsagung zu führen.

Für unzählige Menschen, die in ihren Sorgen zu ihm in die Wüste strömten, wurde er hier zum Ratgeber und für viele andere, die gleich ihm Gott in der Einsamkeit suchten, zum Vorbild. In die Geschichte ging er ein als Antonius der Große, der Vater des Mönchtums.

Ein Lebensbericht über diesen Heiligen hatte den damals innerlich noch zerrissenen Augustinus erschüttert. Ein Gast erzählte ihm bei seinem Besuch ergreifend über diese große Mönchsgestalt. Augustinus hörte sich alles schweigend an. Dann aber, als der Gast gegangen war, springt Augustinus auf und ruft tief bewegt »mit verstörtem Antlitz und Geist«[238] seinem Freund Alypius zu: »Wie?, ertragen wir das? Hast du's gehört? Einfache Leute ermannen sich und reißen den Himmel an sich, und wir mit unserer herzlosen Wissenschaft wälzen uns in Fleisch und Blut?«[239]

Bereits durch die Predigten des heiligen Ambrosius war das Herz des Augustinus unruhig geworden. Das Wort über Antonius wühlte es vollends auf. Der letzte Schritt war jedoch noch zu tun, die letzte Klippe war noch zu nehmen.

Im Zwiespalt zwischen der Sehnsucht nach Gott und der Angst vor den notwendigen Entsagungen reißt sich Augustinus von seinem Freund Alypius los und stürzt in den Garten. Weinend wirft er sich unter einen Feigenbaum und schreit zum Himmel: »Wie lange, wie lange noch? Immer nur morgen? Warum denn nicht heute? Warum nicht zu dieser Stunde das Ende meiner Schmach?«[240] Da hört er etwas wie eine Kinderstimme, die immer wieder die gleichen Worte wiederholt: »Nimm, lies, nimm, lies!«[241] Er läuft zurück in sein Haus, greift nach der Heiligen Schrift, schlägt sie aufs Geratewohl auf und stößt auf die Stelle: »Laßt uns ehrenhaft leben wie am Tag ohne maßloses Essen und Trinken, ohne Unzucht und Ausschweifung, ohne Streit und Eifersucht. Legt (als neues Gewand) den Herrn Jesus Christus an, und sorgt nicht so für euren Leib, daß die Begierden erwachen.«[242]

»Weiter wollte ich nicht lesen«, schreibt Augustinus in seinen Bekenntnissen, »es war nicht nötig. Denn kaum hatte ich den Satz zu Ende gelesen, ergoß sich wie ein Licht die Gewißheit in mein Herz, und alle Schatten des Zweifels waren zerstoben.«[243]

Dann berichtet er, wie sein Freund Alypius sich seiner Bekehrung anschloß und wie sie beide zu Monika, der Mutter des Augustinus, gingen. »Sie jubelt und triumphiert«, schreibt er weiter in seinen Bekenntnissen, »und sie pries Dich (Gott, d. V.), ›der Du mächtig bist über all unser Bitten und unser Verstehen hinaus‹.«[244]

Das Wort Gottes hatte Augustinus und seinen Freund getroffen, hatte beide zugleich geheilt und in beiden Frucht getragen, und zwar hundertfältige; wer wollte das bezweifeln.

Die Bekehrung des heiligen Ignatius von Loyola vollzog sich bekanntlich nicht beim Lesen eines einzelnen Schriftwortes, sondern durch die Lektüre des »Leben Jesu« und des Lebens von Heiligen. Aus Langeweile – mangels erwünschter Ritterromane – hatte er auf seinem Krankenlager danach gegriffen.

Auch bei der seligen Edith Stein war der Anlaß ihrer Konversion vom jüdischen Glauben zum Christentum ein Buch, das ihr der »Zufall« in die Hand gespielt hatte. Sie hatte es bei einem Besuch aus der Handbibliothek der Frau Hedwig Conrad-Martius entnommen. Edith Stein berichtet: »Ich griff hinein, aufs Geratewohl, und holte ein umfangreiches Buch hervor. Es trug den Titel ›Leben der heiligen Theresia von Avila‹, von ihr selbst geschrieben. Ich begann zu lesen, war sofort gefangen und hörte nicht mehr auf bis zum Ende. Als ich das Buch schloß, sagte ich mir: ›Das ist die Wahrheit!‹«[245]

Die ganze Nacht hindurch hatte Edith gelesen. Als der Morgen graute, hatte die Gnade durch das Wort der heiligen Theresia den Sieg davongetragen. Die Worte des Katechismus, den Edith Stein sich sogleich am nächsten Morgen besorgte, brachten den letzten Ausschlag.

So haben immer wieder Menschen, angeregt durch ein gesprochenes oder geschriebenes, erhebendes oder warnendes Wort, den Zugang oder die Heimkehr zu Gott gefunden, auch den Weg zur Heiligkeit.

Genannt wurden hier einzelne. Ihre wirkliche Zahl ist die Zahl der Sterne. Wie wir nur einen kleinen Bruchteil der Sterne mit dem bloßen Auge sehen können, so können wir nur einen verschwindend kleinen Teil der Wirkungen des Wortes Gottes feststellen.

Schon reines Menschenwort, immer wieder eingeprägt, kann erstaunlich wirksam sein. Die Kraft des Gotteswortes ist unvergleichlich größer. Hinter ihm steht die Allmacht Gottes.

»Denn wie der Regen und der Schnee vom Himmel fällt«, Wort Gottes durch den Propheten Jesaja, »und nicht dorthin zurückkehrt, sondern die Erde tränkt und zum Keimen und Sprossen bringt, wie er dem Sämann Samen gibt und Brot zum Essen, so ist es auch mit dem Wort, das meinen Mund verläßt: Es kehrt nicht leer zu mir zurück, sondern bewirkt, was ich will, und erreicht all das, wozu ich es ausgesandt habe.«[246]

Gott weiß, was sein Wort vermag, tut es uns kund und erwartet, daß wir glauben und notfalls wider alle Hoffnung hoffen. Dann wird es zur Zeit, die Gott bestimmt, Frucht bringen, vielfältige, ja hundertfältige.

»Göttliches Wort, der Gottheit Schrein,
  führ uns in dein Geheimnis ein.
Brennender Dornbusch, der nicht verbrennt,
  nenn uns den Namen, den niemand kennt.
Wolkensäule voll Herrlichkeit,
  geh uns voran im Dunkel der Zeit.
Schlüssel Davids, der öffnet und schließt,
  weis uns die Quelle, die immer fließt.
Logos, Wort und Antwort zugleich,
  erschließe uns das Gottesreich.«[247]

ANMERKUNGEN

Ein Wort zuvor

1 1 Thess 5,21.

Auf den Wogen des Zeitgeistes?

2 Sequenz der Totenmesse, das »Dies irae«, benannt nach den zwei ersten Worten des lateinischen Textes. Die Übersetzung ist entnommen dem ehemaligen Gebet- und Gesangbuch des Bistums Meißen, dem »Laudate«, St.-Benno-Verlag GmbH Leipzig, 1954, Liednr. 264; **3** Es fand zuerst Eingang in einigen regionalen Liturgien und wurde im Jahre 1570, als Papst Pius V. für die gesamte Kirche eine einheitliche Liturgie festlegte, endgültig in das Missale Romanum, in das Römische Meßbuch, aufgenommen. **4** Lk 21,28.

Der Retter ist da

5 1 Kor 2,9; **6** Lk 2,11; **7** Mt 1,21; **8** Gotteslob 134,4.

Das Himmelreich ist nah

9 Mt 10,7 f; **10** Lk 10,17; **11** Mt 4,17.

Betroffen von seiner Lehre

12 Mt 7,29; **13** Mt 7,29; **14** Mt 7,7; **15** Mt 21,22; **16** Mt 6,31 f; **17 a** Mt 7,11; **17 b** vgl. Lk 15; **18** Mt 7,7; **19** 1 Petr. 5,7.

Ihr alle seid Götter

20 Ps 82,6; **21** vgl. Joh 10,34; **22** 2 Kor 4,7. **23** Röm 8,29; **24** Eph 2,19; **25** Röm 8,17; **26** Joh 1,12; **27** Joh 1,16; **28** Joh 3,3 – abweichend von der EÜ ist für »sehen« das Wort »schauen« gebraucht, da es dem Autor angemessener scheint; **29** Joh 3,5f; **30** 1 Joh 3,1f; **31** Mt 13,43; **32** Anton Koch, Homiletisches Quellenwerk, Band II, Verl. Herder & Co., Freiburg i. Br., 1938, S. 229; **33** Augustinus, Bekenntnisse, 10. Buch, VI,9., zitiert nach Hans Urs von Balthasar, »Die Bekenntnisse«, Johannesverlag, Einsiedeln, 1985, S. 244.

Gott zieht Konsequenzen

34 Röm 8,18; **35** Joh 14,23; **36** 1 Kor 3,16f; **37** 5 Mos 4,7.

Der ferne nahe Gott

38 Irmingard Rachfall, Publik-Forum, Nr. 19/1985, zitiert nach »Die Botschaft heute, Kontexte zum Evangelium«, Verlag Bergmoser + Höller, Aachen, Jahrg. 1986, Heft 3, S. 6; **39** Lk 2,52; **40** Joh 17,19; **41** Hebr 5,8; **42** Lk 22,42; **43** Lk 23,34; **44a** Hebr 4,15; **44b** »Bruder Markus, der Theologe Wilhelm Bruners«, zitiert nach Professor Dr. Erich Garhammer, der diese »Meditation« vor einer Predigtvorlage für das Fest der Heiligen Familie wiedergibt. Veröffentlicht in: »Der Prediger und Katechet«, Erich Wewel Verlag, München, Jahrg. 92, Heft 1, S. 58.

Herbert Vorgrimler stellt ausdrücklich die Sündenlosigkeit Jesu in Frage in seinem Buch »Worauf es ankommt, Jesus – Gottes und des Menschen Sohn«; Herderbücherei Band 1107, Freiburg–Basel–Wien, 1984, S. 15.

44c Die wesensgleiche Gottessohnschaft Jesu im Sinne der kirchlichen Lehre wird u. a. umgedeutet von Herbert Vorgrimler ebd. auf den Seiten 72ff u. 8 und an anderen Stellen dieses Buches. **45** Bischof Gbuji (Nigerien), L'Osservatore Romano, 11. Nov. 1977, Nr. 45, S. 9; **46** Joh 1,14; **47** Joh 16,7; **48a** Mt 28,20; **48b** vgl. »Dogmatische Konstitution über die Kirche«, II. Vatikanischen Konzils, Nr. 3: »Sooft das Kreuzesopfer, in dem Christus, unser Osterlamm, dahingegeben wurde (1 Kor 5,7), auf dem Altar gefeiert wird, vollzieht sich das Werk unserer Erlösung.« **49** Joh 6,56; **50a** »Agere sequitur esse«, »Das Handeln folgt dem Sein«, so heißt ein philosophischer Grundsatz. Einfach gesagt: Eine Katze handelt wie eine Katze, ein Hund wie ein Hund und ein Kind wie ein Kind. Wenn wir Christus ähnlich sein werden, dann werden wir uns ähnlich wie er verhalten und auch zweifellos eine Beziehung zum Vater und zum Heiligen Geist haben, welche der seinen ähnlich ist. »Alle sollen eins sein: Wie du, Vater, in mir bist und ich in dir bin, so sollen auch sie in uns eins sein, damit die Welt glaubt, daß du mich gesandt hast (Joh 17,21)«, so wünscht der Herr die Einheit seiner Jünger auf Erden. Hier geht es zwar nur um die Einheit in der Liebe schon hier auf Erden. Doch ist damit zugleich auch gesagt, daß diese Einheit mit Gott und untereinander in der Ewigkeit volle Wirklichkeit werden wird, allumfassendes Einswerden mit Gott. **50b** Joh 6,54; **51a** 2 Kor 4,7; **51b** 2 Kor 4,8.

Trostbotschaft

52 Friedrich Opitz, »Klopfzeichen Gottes«, Theodor Schmitz Verlag, Münster, bereits in zwei Auflagen 1991 und 1992 erschienen. **53** Mt 26,53; **54** Gal 4,1; **55** Röm 8,18f; **56** Mt 5,4; **57** Mt 15,32; **58** vgl. Lk 7,11ff; **59** Mt 11,28; **60** Lk 18,29f; **61** Offb 21,4; **62** 1 Kor 15,19.

Die Frohbotschaft der Frohbotschaft

63 Richard Wurmbrand, »Gefoltert für Christus, Untergrundkirche heute«, Aussaat Verlag GmbH, Wuppertal, 8. Auflage, Juni 1969, S. 18f; **64** Apg 17,32ff; **65** Joh 1,11; **66** Joh 1,12; **67** Joh 3,16.

Hat Jesus gedroht?

68a 1 Tim 2,4; **68b** »Katholischer Erwachsenen-Katechismus«, Herausgegeben von der Deutschen Bischofskonferenz, 2. Auflage 1985, S. 423f.

Ihr Schlangenbrut, wer hat euch gelehrt?

69 Mt 3,7ff, vgl. Lk 3,7ff; **70** Mt 3,2; **71** Mt 4,17; **72** Mk 1,15.

Ich aber sage euch

73 Mt 5,3ff, vgl. auch Lk 6,20ff; **74** Lk 6,24ff; **75** Mt 5,20; **76** Mt 5,22; **77** Mt 5,26, vgl. auch Lk 12,59; **78** Mt 5,29f; **79** vgl. Mt 18,8f; **80** Mk 9,48, vgl. auch ebd. 43ff; **81** vgl. Mt 6,15; **82** Mt 18,34f; **83** Mt 7,1f; **84** Mt 7,13f; **85** Lk 13,24; **86** Mt 19,23f, vgl. auch Mk 10,23ff und Lk 18,24ff; **87** Mt 19,25; **88** Mt 19,26; **89** 1 Tim 2,4; **90** Mt 18,14; **91** Mt 7,15ff; **92** Mt 7,21ff, vgl. auch Lk 13,26f; **93** Mt 7,28f.

Besonders euch, meinen Freunden

94 Mt 10,28; **95** Lk 12,4f; **96** Mt 10,29ff, vgl. auch Lk 12,6f; **97** Mt 10,32f u. 10,39, vgl. auch Lk 12,8f.

Ernte und Hochzeitsmahl

98a Joh 3,11; **98b** Mt 13,30. **99** Von Exegeten wird ganz besonders bezüglich der Erklärung der Gleichnisse die Frage aufgeworfen, ob und wieweit sie von Jesus persönlich stammen. Die Antworten dazu sind sehr unterschiedlich. Ein Beweis dafür, daß die Textanalysen keinen hinreichend sicheren Aufschluß bieten.

Der Verfasser ist, wie schon bemerkt, kein Exeget. Darum will er seine Ansicht nur mit Vorbehalt anführen. Für ihn ist es sehr naheliegend, daß die Apostel Jesus um eine Erklärung der Gleichnisse, die sie nicht verstanden hatten, baten und daß Jesus sie ihnen gegeben und zugleich auch irgendwie eingeprägt hat. Die Schriftgelehrten haben durch ständige Wiederholung, durch ständiges gemeinsames Aufsagen den Schülern ihre Lehrsätze wortwörtlich eingeprägt (rabbinische Lehrmethode). Irgendwelche Gedächtnishilfen hat der Herr seinen Jüngern gewiß auch gegeben, so daß die Apostel in der Lage waren, der Urkirche Jesu Worte wenigstens sinngemäß wiederzugeben.

Vor allem hatte er ihnen seine bleibende Nähe verheißen und den Heiligen Geist als Beistand gesandt, der sie an alles erinnerte, was er ihnen gesagt hatte, und der ihnen auf jeden Fall auch half, seine Botschaft in seinem Sinne zu verkünden. Weiteres in Anmerkung 101!

100 Mt 13,40ff, **101** Mt 13,48ff. Wahrscheinlich werden wohl die Verse 49 und 50 vom Evangelisten aus der Jüngererklärung in das Gleichnis gezogen worden sein. **102** Jes 25,6; **103** Mt 22,7; **104** Mt 22,13.

Wenn der Herr einst wiederkommt

105 Mt 25,10ff; **106** Mt 24,40f, vgl. Lk 17,34f; **107** Mt 24,46ff, vgl. Lk 12,43ff; **108** Lk 13,25ff; **109** Mt 25,21; **110** Mt 25,26ff; **111** Mt 25,28 u. 30; **112** Mt 25,34; **113** Mt 25,41; **114** Mt 25,46; **115** Lk 21,26–28 u. 36.

Wenn ihr nicht Buße tut

116 Lk 13,3; **117** Lk 13,5; **118** Lk 13,9; **119** Mt 11,21f; **120** Mt 23,13ff; **121** Mt 23,27; **122** Mt 23,32f; **123** Mt 23,39; **124** Lk 16,31; **125** Lk 16,23; **126** Lk 16,24. **127** Franz-Josef Hungs, »Die Botschaft heute, Kontexte zum Evangelium«, Bergmoser + Höller Verlag GmbH, Aachen, Jahrg. 1986, Heft 7/8, S. 56; **128** ebd.; **129** Lk 16,9ff; **130** Franz-Josef Hungs, wie Anm. 127; **131** ebd.; **132a** Das Wort hat eine vielschichtige Bedeutung: 1. Deutung der Ereignisse im Hinblick auf das Weltende, 2. Schrifttum und Gedankengut über das Weltende, das Endgericht und das Schicksal der gerichteten Menschen. Man denke an die Offenb. des Johannes; **132b** wie Anm. 127.

Letzte Worte Jesu

133 Lk 23,28ff; **134** Lk 23,29; **135** Lk 23,31; **136** Lk 23,30; **137** Off 6,15ff; **138** Auch der Prophet Hosea schleudert dieselbe Prophezeiung dem abtrünnigen Volk Israel entgegen: »Schmach wird sich Ephraim holen. Israel wird zuschanden an seinen Plänen... Verwüstet werden die Unheilshöhen, Israels Sünde... Zu den Bergen werden sie sagen: Bedeckt uns!, zu den Hügeln: Fallt über uns! (Hos 10,6ff)«.

Damit sind zunächst die Zerstörung des Nordreiches Israel im Jahre 722 v. Chr. und die schmachvolle Gefangenschaft seiner Bürger angedroht. Wenn Jesus, offenbar bewußt, dieselben Worte verwendet, könnte man daraus schließen, daß auch er nur an die bevorstehende schmachvolle Zerstörung Jerusalems gedacht hatte. Doch die schon im Haupttext angeführte Stelle der Offenbarung des Johannes weist für beide Prophezeiungen – die von Hosea und die von Jesus – auf einen tieferen Sinn, ihren Vollsinn: Gottes Gericht am Ende der Erdenzeit.

139a Mk 16,16; **139b** vgl. »Dogmatische Konstitution über die Kirche«, II. Vatikanisches Konzil, Nr. 16.

Anders gesagt, dasselbe gemeint

140 Synoptiker, so werden die drei ersten Evangelisten genannt. Ihre Evangelien stimmen in der Auswahl ihrer Berichte und in der Darstellung der Ereignisse wie in der Formulierung der Worte Jesu weithin überein. Um einen guten Überblick über deren Gemeinsamkeiten und Unterschiedlichkeiten zu gewinnen, sind diese drei Evangelien in einer Synopse, einer Übersicht, zusammengestellt. **141** Mk 16,16; **142** ebd.; **143** Joh 3,5; **144** Joh 3,18; **145** Joh 3,36; **146** Joh 5,24ff; **147** Joh 8,24; **148** Joh 3,18; **149** Joh 12,46ff; **150** Joh 15,5f; **151** Joh 3,18; **152** Joh 1,11f; **153** Joh 20,29.

Aus der Verkündigung der Urkirche

154 Apg 24,25; **155** Röm 2,5; **156** Röm 8,29; **157** Röm 9,22; **158** ebd.; **159** ebd.; **160** Eph. 5,5; **161** vgl. Hebr 10,27; **162** ebd.; **163** Hebr 10,31; **164** 1 Petr 5,7f; **165** 2 Petr 2,4ff; **166** 1 Joh 3,14ff; **167** Offb 2,26; **168** Offb 3,21; **169** Offb 5,10; **170** Offb 22,5; **171** Offb 22,12ff.

Liebe und Furcht – verträgt sich das?

172 Sir 1,14; **173a** Spr 14,27; **173b** Karl Rahner und Herbert Vorgrimler, Kleines Theologisches Wörterbuch, Herderbücherei, Verlag Herder KG Freiburg im Breisgau 1961, S. 150; **174a** 1 Joh 4,18; **174b** 2 Kor 4,7; **174c** vgl. Jak 2,19f. Daß der Glaube ohne Werke tot ist, gilt auch vom Glauben ohne Liebe; denn die Liebe ist das erste Werk, das uns im ersten und größten Gebot aufgetragen ist. **175** ebd.; **176** 1 Joh 4,17; **177** 2 Kor 7,1.

Der Gott der Liebe – ein Gott der Vergeltung?

178 a Jürgen Werbick, »Der Prediger und Katechet«, Erich Wewel Verlag, München, Jahrg. 1981, Heft 4, S. 454; **178 b** ebd. S. 456; **179** Joh 9,4; **180** Ez 18,23; **181** Ez 18,32; **182** zitiert nach P. Dr. Otto Bohr SVD, »Fatima – Rom – Moskau«, Postulacao Fatima, 1977, S. 83 f; **183** ebd. S. 84; **184** zitiert nach G. Pasquali S. S. P., »Und Gott sagt basta«, Verlag Siegfried Hacker, Gröbenzell 1980, S. 84 f; **185** Jes 55,6–9; **186** Kol 1,24; **187** Jak 5,19; **188** »Seelenburg«, V. 2,10, zitiert nach Georg Scharf, »Reden mit Gott«, Theodor Schmitz Verlag, Münster 1989, S. 133; **189** »Seelenburg« V. 2,11, ebd.; **190** ebd.

Die Schlange aber sprach

191 Gen 2,17; **192** Gen 3,5; **193** Mk 16,16.

Vorfragen

194 Apg 1,21.

Aus der Sonntagspredigt

195 Die Predigtzeitschriften sind:

Erstens: »Gottes Wort im Kirchenjahr«, herausgegeben von Alfons Schrodi OMI und seinem Nachfolger Rainer Rack OMI, Echter Verlag, Würzburg, Jahrg. Januar 1981 bis Oktober 1991;

Zweitens: »Der Prediger und Katechet«, Erich Wewel Verlag, München, Jahrg. Januar 1981 bis Oktober 1991;

Drittens: »Dienst am Wort, Gedanken zur Sonntagspredigt«, Religiöse Bildungsarbeit Stuttgart GmbH Verlag, Stuttgart (ab 1988 Schwabenverl., Ostfildern), Jahrg. Januar 1985 bis Oktober 1991;

Viertens: »Die Botschaft heute, Kontexte zum Evangelium«, Bergmoser + Möller Verlag GmbH, Aachen, Jahrg. April 1986 bis Oktober 1991.

196 Die Umfrage wurde durchgeführt vom Institut für Demoskopie Allensbach, veröffentlicht in: »Rheinischer Merkur – Christ und Welt« vom 22. 12. 1989, hier entnommen: Martin Lohmann, »Was die Deutschen glauben« in »Die Botschaft heute, Kontexte zum Evangelium«, Bergmoser + Höller Verlag GmbH, Aachen, Jahrg. 1992, S. 14; **197a** Wolfgang Schrenk, »Dienst am Wort, Gedanken zur Sonntagspredigt«, Religiöse Bildungsarbeit Stuttgart GmbH Verlag, Stuttgart, Jahrg. 1986, Heft 5, S. 615f; **197b** Mt 13,24–30; **197c** 13,47–50; **197d** 13,44–46; **198** Karl Fröhlich, »Der Prediger und Katechet«, Erich Wewel Verlag, München, Jahrg. 1990, Heft 4, S. 486; **199** Hubert Götz, »Dienst am Wort, Gedanken zur Sonntagspredigt«, Religiöse Bildungsarbeit Stuttgart GmbH Verlag, Stuttgart, Jahrg. 1987, Heft 5, S. 553; **200** Bernhard Schurr, ebd., Schwabenverlag, Ostfildern, Jahrg. 1990, Heft 5, S. 511; **201** ebd., S. 512; **202** Theodor Dirkes, »Gottes Wort im Kirchenjahr«, Echter Verlag, Würzburg, Jahrg. 1990, B. III, S. 84; **203** Ludwig Rug, »Der Prediger und Katechet«, Erich Wewel Verlag, München, Jahrg. 1981, Heft 4, S. 461; **204a** Heinrich Engel, »Gottes Wort im Kirchenjahr«, Echter Verlag, Würzburg, Jahrg. 1981, B. III, S. 80; **204b** Mt 13,44–46; **205** 1 Kor 15,19; **206** Michael Buchmann, »Der Prediger und Katechet«, Erich Wewel Verlag, München, Jahrg. 1990, Heft 4, S. 491; **207** Hubert A. Nußbaumer, »Dienst am Wort, Gedanken zur Sonntagspredigt«, Religiöse Bildungsarbeit Stuttgart GmbH Verlag, Stuttgart, Jahrg. 87, Heft 5, S. 560; **208** S. Grän OFM, »Die Botschaft heute, Kontexte zum Evangelium«, Verlag Bergmoser + Höller, Aachen, Jahrg. 90, Heft 6/7, S. 38; **209** vgl. Franz Josef Hungs, »Die Botschaft heute, Kontexte zum Evangelium«, Bergmoser + Höller Verlag GmbH, Aachen, Jahrg. 1986, Heft 7/8, S. 56; **210** Jer 36,3; **211** Jer 36,22ff.

Aus dem Religionsunterricht

212 »Religionsbuch« von Hubertus Halbfas, »Unterrichtswerk für Sekundarstufe 1«, 9./10. Schuljahr, Patmos Verlag, Düsseldorf, 4. Auflage; **213** »Zielfelder ru 9/10«, Religionsunterricht 9./10. Schuljahr, Ausgabe B, Gymnasium/Realschule, herausgegeben vom Deutschen Katecheten-Verein München, Kösel-Verlag GmbH & Co., München, 1980; **214** Gerhard Lohfink, ebd. S. 110; **215** »Religionsbuch unterwegs«, erarbeitet von Andreas Bauer und Hans Kögel, Verlag Ludwig Auer, Donauwörth, 5. Auflage 1975; **216** »Zeichen der Hoffnung«, Unterrichtswerk für den katholischen Religionsunterricht der Jahrgangsstufen 9/10, von Werner Trutwin, Klaus Breuning und Roman Mensing, Patmos Verlag, Düsseldorf, 1978, und zwar *in den alten Auflagen* etwa 1984–86, die von einigen Schulen noch benutzt werden. **217** 1. Das oben angeführte Religionsbuch »Zeichen der Hoffnung«, jedoch in den ***neuen Auflagen*** ab 1989; 2. »Mitten unter euch 9/10«, Arbeitsbuch für den katholischen Religionsunterricht, 9. und 10. Jahrgangsstufe, herausgegeben von Andreas Bauer, Verlag Ludwig Auer, Donauwörth, 1. Auflage 1984; 3. Der Katechismus »Grundriß des Glaubens, Katholischer Katechismus zum Unterrichtswerk Zielfelder ru«, herausgegeben vom Deutschen Katecheten-Verein, München, Kösel-Verlag GmbH & Co., München, und Bernward Verlag GmbH, Hildesheim, 1980; **218** »Botschaft des Glaubens, Ein katholischer Katechismus«, herausgegeben von Andreas Bauer und Wilhelm Plöger im Auftrage der Bischöfe von Augsburg und Essen, Verlag Ludwig Auer, Donauwörth, 1. Auflage 1978; **219a** Herausgegeben von der Deutschen Bischofskonferenz, 2. Auflage 1985, S. 420–431; **219b** »Verlautbarung des Apostolischen Stuhls«, Heft 12, »Apostolisches Schreiben ›Catechesi Tradendae‹ Seiner Heiligkeit Papst Johannes Paul II. über die Katechese in unserer Zeit«, 16. Oktober 1979, Herausgeber: Sekretariat Der Deutschen Bischofskonferenz, Bonn; **220** ebd. S. 43.

Verhängnisvolle Hörigkeiten

221a Phil 3,18; **221b** Mk 16,16; **222** vgl. Ignaz Igel, »Kuckucksei von ›extra drei‹«, in »die neue bildpost«, Verlag Neue Bildpost GmbH, Nr. 21/39, vom 26. Mai 1991, Titelseite; **223** ebd.; **224** 1 Kor 1,23; **225a** Lk 12,31; **225b** Apg 20,26; **225c** Ez 3,17 ff.

Was er euch sagt, das glaubt

226 Mt 24,7; **227** Mt 24,11; **228** Mt 24,12; **229** Lk 18,8; **230** Joh 15,20; **231a** ebd.; **231b** Mt 13,18–23.

Wie der Herr vorhergesagt

232 Apg 2,23,24,36; **233** Apg 2,37; **234** vgl. Apg 6,12–15 u. 7,1–52; **235** vgl. Apg 7,54–58; **236** 1 Thess 2,13.

Vielfältige Frucht

237 Mt 19,21; **238** Augustinus, »Die Bekenntnisse«, zitiert nach Hans Urs von Balthasar, Johannesverlag, Einsiedeln, 1985, S. 200; **239** ebd.; **240** ebd., S. 207; **241** ebd.; **242** Röm 13,13 f; **243** Augustinus, »Die Bekenntnisse«, ebd. S. 208; **244** ebd. S. 209; **245** zitiert nach René Courtois, aus »Heimkehr zur Kirche, Konvertiten des 20. Jahrhunderts«, herausgegeben von F. Lelotte, Rex-Verlag, Luzern/München, 2. Auflage 1957, Band I, S. 46; **246** Jes 55,10 f; **247** Hymnus zur Lesehore des Stundengebetes vom Montag und Donnerstag im Jahreskreis, am Tage.

BUCHEMPFEHLUNGEN

Zwei weitere Bücher von P. Georg Scharf OMI aus der **ORATE-Taschenbuch**-Reihe, erschienen im Verlag Theodor Schmitz, Postfach 7245, 48039 Münster.
– Für alle **ORATE-Taschenbücher** ab drei Stück desselben Titels pro Exemplar DM 0,80 **Preisnachlaß**, ab 10 Stück aufwärts zusätzlich für jeweils 10 Exemplare ein Freiexemplar. –

FATIMA AKTUELL – Botschaft und Boten

»Dieses Buch hat mich ehrlich angerührt, und wenn ich das Geld hätte, würde ich es vielen verschenken.«
(P. Berthold Egelseder OSB in »Benediktusbote«)

4. Auflage, 1992, 256 S., ISBN 3-922054-21-8, DM 12,80.

REDEN MIT GOTT – und den Heiligen

Ein Buch, das jeden bereichert und das jeden fesselt, soweit es bei diesem Thema nur möglich ist.

1989, 150 S., 31 Fotos, ISBN 3-922054-12-9, DM 8,80.

ORATE-Taschenbücher von Friedrich Opitz

MARIA RETTET – Maria rettet den Papst,
das Abendland, die Familie

In diesem Buch gibt Friedrich Opitz an Hand vieler hochinteressanter Beispiele aus der Geschichte und dem Leben ein beredtes Zeugnis dafür ab, wie sich Marienweihe und Marienliebe immer lohnen.

2. verbesserte und erweiterte Auflage 1986/88,
208 S., ISBN 3-922054-09-9, DM 9,80.

MARIENWEIHE

Das Buch ist eine literarische Kostbarkeit für alle, die sich um eine tiefere Beziehung zu Maria bemühen.

3. Auflage 1993, 120 S., ISBN 3-922054-13-7, DM 6,80.

AUF MARIA SCHAUEN
Weggeleit ins dritte Jahrtausend

Teil I: **Siehe, deine Mutter** – eine biblische Begründung
1990, 80 S., ISBN 3-922054-14-5, DM 5,80.

Teil II: **Das Marienbild** – eine gläubige Schau
1991, 130 S., ISBN 3-922054-15-3, DM 7,80.

Teil III: **Maria und das Gottesvolk** – ein heiliger Bund
1992, 170 S., ISBN 3-922054-16-1, DM 9,80.

Diese drei Bände von Friedrich Opitz sind eine ansprechende Mariologie für jedermann, eine Mariologie, die nicht nur belehrt, sondern mehr noch hilft, das Herz für die Mutter unseres Herrn und unsere gemeinsame Mutter zu öffnen.

KLOPFZEICHEN GOTTES – die Wende im Ostblock

Dieses brisante und aktuelle Buch will helfen, Augen und Ohren für den Ruf und die Weisung Gottes zu öffnen.

2. Auflage 1992, ISBN 3-922054-17-X, DM 4,80.

Es sei noch einmal hingewiesen auf den auf S. 166 oben genannten **Preisnachlaß** bei Mehrbestellungen für all diese **ORATE-Taschenbücher** aus dem Verlag Theodor Schmitz, Postfach 7245, 48039 Münster.

Sonstige Buchempfehlungen

PLÄDOYER FÜR DIE KIRCHE
Urteile über Vorurteile

3. Auflage 1992, 456 S., mm verlag, Aachen,
Herausgeber Michael Müller, DM 38,–.

Christa Meves
DER ALTE GLAUBE UND DIE NEUE ZEIT
Christ sein – geht das noch?

In diesem Buch geht es Christa Meves um die Bewahrung des alten Glaubens, den sie heutzutage auch in den Kirchen bedroht sieht.

3. Auflage 1990, 188 S., Herder Taschenbuch Verlag, Freiburg,
DM 12,90.

P. Josef Schulte OMI / P. Hermann Lembeck OMI
DER FLIEGENDE PATER PAUL SCHULTE

120 S., 14 Glanzfotos, bestellbar beim Verlag der Hünfelder Oblaten,
Drosselweg 3, 55122 Mainz, DM 19,80.

Dirk Grothues / Albrecht von Raab-Straube u. a.
DER HIMMEL FÄNGT SCHON AN
Modell einer Erneuerung der Kirche aus Medjugorje

161 S., Oros-Verlag, 1991, Altenberge, DM 16,80.

ZUM VORLIEGENDEN BUCH

»Es gibt keine Hölle«, so der Titel eines Aufsatzes von Eugen Drewermann in der Zeitschrift »Publik-Forum« vom 12. August 1994. Und auch Herbert Vorgrimler, Professor für Dogmatik und Dogmengeschichte, sah sich bemüßigt, 1993 ein Buch herauszubringen, »Geschichte der Hölle«, in dem er die Hölle de facto leugnet.

Veröffentlichungen wie diese sind symptomatisch, zeigen sie doch, daß selbst die Leugner der Hölle sich vom Ernst der eindeutigen Aussagen des Neuen Testamentes befreien müssen, wenn sie ihre Existenzangst bewältigen wollen, und sie tun dies in den verschiedensten Formen der Umdeutung und des Wegrationalisierens. Wer aber nicht anerkennen will, wie ungeheuerlich negativ die Sünde vor Gott ist und welche furchtbaren Folgen sie nach sich zieht, nimmt dem messianischen Auftrag Jesu und seinem Erlösungstod seinen Ernst und seine Bedeutung. Er kann dann auch nicht mehr begreiflich machen, daß die Freude der »Frohen Botschaft« gerade darin besteht, daß Jesus uns von eben dieser Sünde und ihren für uns so schrecklichen Folgen aus Liebe erlöst hat. Die Worte Jesu, die man nur böswillig als »Drohung« bezeichnen kann, sind in Wirklichkeit Warnung, Aufruf, sich retten zu lassen, indem wir an Ihn glauben und uns von Ihm rechtfertigen lassen; indem wir uns von der Sünde abwenden und zu Ihm umkehren.

Das Bewußtsein dieser existentiellen Not-wendigkeit des christlichen Glaubens und seiner Bedeutung für Zeit und Ewigkeit ist gegenwärtig in der kirchlichen Verkündigung kaum noch vorhanden.

Glaube oder Unglaube, Sünde oder Streben nach Gerechtigkeit sind eben nicht gleich gültig, wie die Gleichgültigkeit so vieler beweist. Sie haben gravierende Auswirkungen auf unser zeitliches, vor allem aber auf unser ewiges Glück.

Dies wieder klar herausgestellt zu haben, ist das Verdienst des vorliegenden Buches. Damit diese grundlegenden Wahrheiten unseres Glaubens wieder vielen bewußt und deutlich werden, ist diesem Buch eine möglichst weite Verbreitung zu wünschen.

Gescher, am 4. Oktober 1994,
dem Fest des hl. Franziskus,
OStR. Gertrud Dörner,
Vorsitzende des Arbeitskreises
Theologie und Katechese e. V.